ANTIKE UND GEGENWART

CICERO · PHILIPPIKA

Die Macht des Wortes in der Politik
In Antonium (Oratio IV)

bearbeitet von
Klaus Mühl

C.C. BUCHNERS VERLAG

ANTIKE UND GEGENWART

Lateinische Texte
zur Erschließung europäischer Kultur

Herausgegeben von Prof. Dr. Friedrich Maier,
Humboldt-Universität zu Berlin

1. Auflage 1 4 3 2 1   2002   2001   2000   1999
Die letzte Zahl bedeutet das Jahr dieses Druckes.

Alle Drucke dieser Auflage sind, weil untereinander unverändert, nebeneinander benutzbar.

Dieses Werk folgt der reformierten Rechtschreibung und Zeichensetzung. Ausnahmen bilden Texte, bei denen künstlerische, philologische oder lizenzrechtliche Gründe einer Änderung entgegenstehen.

ISBN 3 7661 **5961** 5

Gesamtherstellung: Fränkischer Tag GmbH u. Co. KG, Bamberg

Der Spruch: Wenn Wörter töten könnten, ist längst aus dem Irrealis in den Indikativ geholt worden: Wörter können töten, und es ist einzig und allein eine Gewissensfrage, ob man die Sprache in Bereiche entgleiten lässt, wo sie mörderisch wird.

Heinrich Böll, Die Sprache als Hort der Freiheit,
in: Der Schriftsteller Heinrich Böll, Köln 1962

Vorwort

Das Wort „**Philippika**" in der Bedeutung einer leidenschaftlichen Anklage, einer aggressiven Rede oder Strafrede ist bis heute in Europa lebendig geblieben (vgl. engl. *philippic*; franz. *philippique*; ital. *filippica*; span. *filípica*). Die Grundlage für das Verständnis des Begriffes ist allerdings oft aus dem Bewusstsein geschwunden. Die Lektüre der 4. Philippischen Rede findet zudem ihre **Begründung** in der außergewöhnlichen, leicht nachvollziehbaren politischen Relevanz dieses Textes. Mustergültig wird von Cicero vorgeführt, was **Rhetorik in der Politik** vermag.

1. Die politische Rede hat als einziges Ziel die Überredung ihrer Zuhörer und bedient sich auch fragwürdiger Mittel und Methoden, um dieses Ziel zu erreichen.
2. An ihr lässt sich darstellen, wie die Masse leichter durch rednerische Tricks zu beeinflussen ist als der besonnene Senat.
3. Sie zeigt in plakativer Deutlichkeit den ethisch fragwürdigen Umgang mit dem politischen Gegner und die daraus resultierenden Konsequenzen.
4. Sie schult das Gespür für rhetorische Techniken und verringert durch diese Kenntnis unsere Anfälligkeit für rhetorische Einflüsse.
5. Sie führt den Leser in eine historisch brisante Situation, die Endphase der römischen Republik, deren Freiheit durch das Fehlen eines Grundkonsenses im Kampf gegen diktatorische Machtausübung und Willkür verspielt wurde.
6. Sie vermittelt uns — geht man von der Freiheit als dem höchsten Gut aus — Einsicht in das tragische Schicksal eines Menschen, der das Gute will und dessen Handeln das Schlechtere mit heraufführt.
7. Sie erlaubt es uns, einen ganzen, in sich stimmigen Text statt mehrerer Ausschnitte zu lesen.

Die Aufbereitung des Textes in diesem Band ist zusammen mit den beigegebenen Materialien als Unterrichtseinheit ausgelegt, die insgesamt in einem **zeitlichen Rahmen** von ca. acht Wochen bei L2 in der 11. Klasse und acht bis zehn Wochen bei L1 in der 10. Klasse, d.h. 25–29 Wochenstunden, zu bewältigen ist. Die Überschaubarkeit der Rede ermöglicht es, jederzeit den gesamten Kontext im Griff zu behalten. Die Übersetzung des Haupttextes und damit einer Ganzschrift ist das minimale Ziel.

Gewichtung	**Nötig**	**Wünschenswert**
Text:	Haupttext	
	Anhang I,1–2: Senats- und Volksreden	Anhang I,5: Texte zur Rhetorik
	Anhang I,3: Ziele und Technik politischer Rhetorik	
	Anhang I,4: Antike Rhetorik	
Zeitbedarf:	**22–24 Stunden**	**3–5 Stunden**

Als **Einstieg in die Rhetorik** eignet sich diese Rede im L1- wie auch L2-Unterricht, weil sie sprachlich nicht allzu schwierig ist, weil sie es gestattet, rhetorische Figuren gut einzuüben, da sie eine große Zahl davon enthält, weil sie die **Funktion der Rhetorik** und die Gefahr, die davon ausgehen kann, **exemplarisch** darstellt.
Die Lektüre kann also zügig voranschreiten; sprachliche Schwierigkeiten werden durch den **Sub-linea-Kommentar** gemildert.
Der überschaubare **Spezialwortschatz** (↗SW) bietet Wörter, die, da sie mehr zum Grundwortschatz gehören, aber für die Lektüre der Rede von Bedeutung sind, sukzessive gelernt werden sollen.
Das **Syntax-Profil** der 4. Philippischen Rede im Anhang erfasst die häufigen Strukturen des Textes. Grammatik lässt sich anhand dieser Hilfe systematisch wiederholen und aufarbeiten.
Texterschließende Fragen sollen die rhetorische Taktik der Rede verdeutlichen und für Signale im Text sensibilisieren, so dass die Gesamtinterpretation, die am Ende zu leisten ist, mit fortschreitender Lektüre vorbereitet wird.
Das vielfältige **Bildmaterial** illustriert die Schauplätze, macht uns mit den handelnden Personen bekannt, verweist auf die Rezeption der Antike in späterer Zeit und auf die Bedeutung Ciceros im Geistesleben Europas.
Die **Begleittexte** sollen die Funktion von rhetorischer Sprache in der Politik sichtbar und durchschaubar werden lassen, besonders aber zeigen, wie bewusst Sprache als Mittel der Menschenlenkung und auch der demagogischen Menschenverführung gebraucht worden ist und immer gebraucht werden kann.
Im L2-Unterricht der 11. Klasse lässt sich ein **abgestimmtes Vorgehen** mit dem **Deutschunterricht** verwirklichen, wenn man zur Texterschließung dort Redetexte heranzieht und an berühmten Texten über die Jahrhunderte europäischer Literatur und Gebrauchstexte hin ein Gesamtbild der Rhetorik in Europa anstrebt.

Klaus Mühl

1. Eine rhetorische Hinrichtung und ein Mord als Rache

Cicero wird aufgrund der Proskriptionsliste der Triumvirn Antonius, Lepidus und Octavian Ende Oktober des Jahres 43 v. Chr. für vogelfrei erklärt. Ein spezielles Mordkommando jagt dem Flüchtenden bis in die Gegend von Formiae nach, holt ihn ein und vollstreckt am 7. Dezember den Auftrag des Antonius.
Cicero ergibt sich in sein Schicksal, verbietet den Sklaven, Widerstand zu leisten, und streckt seinen Kopf aus der Sänfte. Der Centurio Herennius trennt ihm das Haupt vom Rumpf und schlägt ebenso die Hände ab, mit denen Cicero die Reden gegen Antonius geschrieben hatte. Das Haupt wurde zwischen den Händen auf den *Rostra* (Rednerbühne auf dem Forum) in Rom ausgestellt.

Warum lag Antonius so viel am Tode Ciceros, dass er ihn auf der Ächtungsliste an die erste Stelle setzte?
Warum ergriff keiner der Mächtigen für ihn Partei?
Warum engagierte sich vor allem Octavian, der spätere Augustus, der ihn als „Vater" titulierte, nicht für seinen politischen Berater und den Mann, der ihm die ersten Schritte auf dem politischen Parkett in Rom erleichtert hatte?

Ciceros Tod ist ein Beispiel dafür, wie verletzend Sprache sein kann, wie machtvoll in der Politik Rede und Rhetorik wirken, welch unversöhnliche Feindschaft aus dem Wort erwachsen kann.
In den Philippischen Reden hatte Cicero zum letzten Mal alle Register seines rhetorischen Könnens gezogen, um Volk und Senat von Rom zum Handeln in seinem politischen Sinne und im Sinne eines freien Staates ohne tyrannische Gewalt zu bewegen.
Dieser Einsatz für den Staat, das letzte Aufbäumen der *res publica* gegen ihre Totengräber, ist es, wofür Cicero mit aller Konsequenz und mit höchstem Idealismus sein Leben opfert. Wie er aber sein politisches Wollen durchsetzt, erweist sich als höchst problematisch; denn er greift selbst zu Mitteln, die ethisch kaum zu rechtfertigen sind. Hier zeigt sich auch die Gefährdung durch Rhetorik, da der Sprecher selbst seinem rhetorischen Bann erliegen kann und da sich eine aufgeputschte Menge, wenn man sie geschickt leitet, fast zu jeder Aktion hinreißen lässt.
Shakespeare hat im *Julius Caesar* (1599 entstanden) den Antonius so sprechen lassen, dass die „ehrenwerte" Tat der Caesar-Mörder rhetorisch in ihr Gegenteil verkehrt wird, und unsere jüngste Geschichte (Goebbels' Sportpalastrede, 1943) zeigt, wie raffiniert man von einem Teil des Volkes — fast möchte man von „rhetorischer Geiselnahme" sprechen — die weitreichendsten Zugeständnisse bis hin zur Selbstzerstörung erreichen kann.

2. Antoine Caron: „Blutbad der Triumvirn“, 1566

Ein Zeugnis der Antikerezeption

Das Massaker der Proskriptionen, das von den Triumvirn Antonius, Octavian und Lepidus im Jahre 43 v. Chr. angeordnet worden war und in dem die letzte Regung der römischen Republik unterging, ist auf einem Bild der späten Renaissance dargestellt.

Das Tafelbild (1,17 m hoch, 2 m breit) von Antoine Caron, das 1566 entstand, trägt den Titel „Die Hinrichtungen unter dem Triumvirat“ oder auch „Blutbad der Triumvirn“.

In symmetrischem Aufbau gruppieren sich Ereignisse und Bauwerke um die Mittelachse des Bildes. Die Stadt Rom ist als eine Art Architektur-Collage dargestellt. Die wichtigsten und bekanntesten Bauwerke sind vereinigt, um dem Betrachter als Schauplatz des Geschehens „Rom“ zu vermitteln; denn die zeitliche Entstehung der Bauwerke hat mit dem dargestellten Ereignis des Jahres 43 v. Chr. nichts gemein:

Wir sehen links den Bogen des Septimius Severus (203 n. Chr.) mit den Rossebändigern vom Quirinalshügel, vorne die Statuen des Apollo und des Hercules (heute im Museo Chiaramonti), links dahinter die Trajanssäule (113 n. Chr.), im Hintergrund links erheben sich das Mausoleum des Kaisers Hadrian und der Pons Aelius (134 n. Chr.), bekannt als „Engelsburg“ und „Engelsbrücke“; die Mitte besetzt ein aufgeschnittenes Kolosseum (80 n. Chr.), überhöht vom Pantheon (125 n. Chr.) und einem Obelisken; nach rechts schließen sich Titus-Bogen (81 n. Chr.) und die drei Säulen des Castor- und Pollux-Tempels (Bauzustand ab 117 n. Chr.) an, vorne rechts steht ein weiterer Obelisk. Die bühnenartige Struktur der Szene scheint die Rostra zu meinen. Auf ihr liegen die Köpfe der Opfer aufgereiht, während im Vordergrund in wildem Ungestüm ein Soldat das Herz eines Opfers aus dem aufgeschlitzten Körper reißt.

Im Zentrum des Gemäldes schwingt ein herbeieilender Krieger einen weißhaarigen und weißbärtigen Kopf, vielleicht Cicero *senex*, während im Hintergrund die Triumvirn in einem Zelt inmitten des Kolosseums — gleichsam der Kommandozentrale des Gemetzels — Platz genommen haben. Architektur in spätrenaissancehafter Gestaltung füllt die Freiräume. Zum stilistischen Repertoire der Zeit gehören auch der Manierismus der Blutszenen sowie die zahlreichen Figuren, die gleichsam als Staffage in die römische Kulisse hineingestellt sind.

Welche Botschaft will Caron seinen Zeitgenossen 1566 mit diesem Bild vermitteln?

Information

In Frankreich tobte damals eine religiös motivierte Auseinandersetzung. Die protestantischen Hugenotten wurden seit 1560 verfolgt oder aus Frankreich vertrieben; ihr Flüchtlingsstrom ins Ausland nahm ständig zu. Ab 1562 herrschte in Frankreich Bürgerkrieg, und am 1.3.1562 war es unter der Führung von Franz von Guise zum „Blutbad von Vassy“, einem Gemetzel an den Hugenotten, gekommen.

3. Zur Vita Ciceros

3.1 Cicero in der Endphase der römischen Republik

Mit Latein-Kenntnissen lässt sich diese italienische Inschrift der Gedenktafel an Ciceros „Geburtshaus“ ohne Probleme übersetzen. In lateinischer Sprache würde sie lauten:

Hoc loco campestri,
qui tum pars agri Arpinatensium
et hodie agri Sorani fuit
natus et diu moratus est
in villa maiorum suorum
Marcus Tullius Cicero.
Populus Soranus posuit
MCMXII

Die Zisterzienser-Kirche San Domenico erhebt sich unmittelbar am Ufer des Flüsschens Fibrenus; dieser wiederum ergießt sich in nicht allzu großer Entfernung in den Fluss Liris, der das ganze Tal bei Arpinum durchzieht (vgl. Karte auf S. 11). Um die Kirche und auch in der Krypta der Kirche haben sich Reste der römischen Zeit erhalten. Von dort sind Inschriften von Sklaven bekannt, die sich nach ihrem *patronus „Tullius“* nennen. Gemäß Ciceros eigener Schilderung in der Schrift *De legibus* (II,1,1ff.) lag das Landgut seines Vaters in dieser Gegend. Vielleicht ist auch die Tatsache, dass hier eine Kirche errichtet wurde, mit der Tradition eines Heiligtums im Gutsbereich oder gar einer Gedenkstätte für Cicero erklärbar?

Als Cicero geboren wurde, hatte sich Rom unangefochten als Großmacht rund um das Mittelmeer etabliert. Seit der brutalen Niederwerfung und Auslöschung Karthagos gab es keinen ernsthaften Konkurrenten mehr. Von Norden drohten allerdings unmittelbar die germanischen Stämme der Kimbern und Teutonen mit den ersten Wanderungen, in deren Folge 50 Jahre später auch die Sueben Ariovists nach Südwesten zogen, die Macht Roms zu erschüttern. Caesar trug dieser Gefährdung aus dem Norden Rechnung, indem er die römische Macht im Westen über die Alpen hin ausweitete, und noch Augustus widmete seine Hauptsorge und aktive, aggressive Außenpolitik dem germanischen Norden. Im Inneren des römischen Staates wirkten sich die Eroberungen eher negativ aus; denn das Gefüge der staatlichen „Verfassung“, die es ja nie geschrieben gab, geriet ins Wanken, da es der sprunghaften Vergrößerung des Reichsgebietes und den nunmehr weltpolitischen Aufgabenstellungen nicht gewachsen war. Die Konflikte spitzten sich zu und personalisierten sich in den großen Feldherren und Führerfiguren, von denen die Politik zunehmend bestimmt wurde. Im ersten Drittel des letzten Jahrhunderts vor Christi Geburt dominierten Marius und Sulla. Als Pompeius durch Unentschlossenheit seine Chance auf die führende Rolle im Staat vergeben hatte, musste er im sog. 1. Triumvirat die Macht mit Caesar und Crassus teilen. Durch den Tod des dritten Partners kam es dann zu einem neuerlichen Zweikampf um die Macht zwischen Pompeius und Caesar. Kaum war Caesar ermordet (44 v. Chr.), als sich auch schon die politischen Erben Antonius und Octavian in Rom um die Nachfolge des ersten Alleinherrschers stritten. Ihre militärische Auseinandersetzung mündete nach der Schlacht von Actium (31 v. Chr.) endgültig in den Prinzipat des Augustus und anschließend in die römische Kaiserzeit.

Es ist klar, dass weder der Senat noch ein *homo novus* wie Cicero aus der Landstadt Arpinum (heute Arpino) ohne familiäre Tradition und ohne Rückhalt bei den alten Adelsgeschlechtern in Rom eine ernsthafte Chance zu eigenständiger Politik besaß. Ein solcher Versuch musste scheitern, ebenso wie der Versuch, mit den alten Rezepten die alten Herrschaftsstrukturen zu bewahren.

Der Glaube des integren Politikers Cicero an die alte Form der Republik, an die Werte der Vorfahren, an Recht und Moral erwies sich als fruchtloser Idealismus, da der persönliche Machtwille, gepaart mit eigennütziger Machtpolitik, und die Heere der Feldherren bereits andere Fakten geschaffen hatten. Sein Konzept, einen Grundkonsens der republikanisch Gesonnenen herzustellen (*concordia ordinum*), war im Ansatz bereits überholt. Durch die zündende Rhetorik Ciceros mag die politische Szene, und vor allem Cicero selbst, kurzfristig noch an diese Idee geglaubt haben, im politischen Alltag des 1. Jhs. v. Chr. war dieser Versuch einer Einigung der politischen Stände illusorisch.

Blick von Süden auf das heutige Arpino. Die Stadt ist eine Gründung der Volsker und seit dem 3. Jh. v. Chr. römisches Gebiet. Erhalten sind ca. 3 km Polygonalmauerwerk mit Toren. Cicero wurde im Umland geboren, nicht im Ort selbst, der das Verwaltungszentrum der gesamten Region darstellte.

3.2 Porträtbüsten Ciceros

Cicero mit Stirnglatze und bewegter Physiognomie
(Florenz, Uffizien)
Cicero wird nicht als Philosoph, sondern als Konsular und Redner gezeigt. Individuell zu werten ist die breitere obere Schädelpartie, der gegenüber die untere Gesichtshälfte zurücktritt. Der schmale Mund ist leicht geöffnet, was auf den Redner verweist. Die Wangen sind voll, aber etwas schlaff. Plutarch überliefert, „Cicero habe gern gelacht und gespottet, und sein Gesicht habe eine heitere, ruhige Miene gehabt.“ (Vergleich Demosthenes – Cicero I, 6). Man sieht Cicero in fortgeschrittenem Alter. Er soll bis ins Alter ein schönes und würdiges Aussehen bewahrt haben.

Cicero mit Glatze und bewegter Physiognomie
(Rom, Kapitolinische Museen, Stanza dei Filosofi)
Kopf auf moderner Büste
Die archäologischen Interpreten meinen, dass die Büste am Ende der 40er-Jahre entstanden sei. Charakteristisch sind die gebogene Nase und der kleine, an den Mundwinkeln herabgezogene Mund. Die großen, weit geöffneten Augen bewirken einen etwas überpersönlichen Eindruck. Insgesamt ist der Gesichtsausdruck ausgeglichen und harmonisiert. Schon Augustus hatte Cicero als großen Mann und Patrioten bezeichnet.

Mutina
Bononia
Luca
Rubico
Ariminum
Mare Adriaticum
Etruria
Tiberis
Liris
ROMA
Ostia
Tusculum
Arpinum
Antium
Via Appia
Latium
Astura
"Tomba di Cicerone"
Formiae
Apulia
Beneventum
Capua
Campania
Cumae
Via Appia
Venusia
Puteoli
Brundisium
Pompei
Tarentum
Lucania
Mare Tyrrhenum
Rhegium
Lilybaeum
Sicilia
Syracusae
0
100 km
Thessalonice
(Verbannung)
Athenae
(Studium)
Cilicia
in Kleinasien
(Statthalterschaft)

3.3 Die letzte Phase von Ciceros Leben

Kampf gegen Antonius: Die Philippischen Reden

Datum	Cicero	Ereignisse in Rom, im Staat
15. März 44		Ermordung Caesars Antonius Konsul Dolabella für Caesar zugewählt
17. März 44	Stiftung eines Kompromisses im Senat	Antonius leitet die Senatssitzung: Bestätigung der Gesetze Caesars, „Amnestie“ für die Caesar-Mörder
20. März 44	Beginn der Studienreise nach Griechenland Abreise nach Brundisium	Leichenfeier für Caesar
April 44		Antonius erhält Makedonien mit sechs Legionen zugesprochen (für das Jahr 43 v.Chr.).
6. Mai 44		Ankunft Octavians in Rom Auszahlung der Legate Caesars Annahme des Erbes Caesars
2. Juni 44		Provinztausch durch Volksbeschluss: Antonius erhält Oberitalien, aber mit den makedonischen Legionen, D. Brutus, von Caesar in Oberitalien eingesetzt, soll sein Amt aufgeben.
Ende Juni 44		Ludi victoriae Caesaris Sidus Iulium (Komet Caesars)
31. Aug. 44	Cicero wieder in Rom	
2. Sept. 44	1. Philip. Rede (Senat)	
19. Sept. 44	Gegenrede des Antonius	
bis 24. Okt. 44	2. Philip. Rede (unveröffentlicht)	
Okt. 44	Cicero geht nach Puteoli und nach Arpinum.	Antonius in Brindisi, Empfang der Legionen; Octavian in Kampanien: Veteranenheer
Mitte Nov. 44	Octavian, Caesarmörder und Republikaner gegen Antonius	Mars-Legion und IV. Legion gehen zu Octavian über.
28. Nov. 44		Provinzverlosung im Senat: Antonius manipuliert, geht nach Oberitalien.
9. Dez. 44	Rückkehr Ciceros nach Rom	Beginn der Belagerung des D. Brutus in *Mutina* (Modena)

20. Dez. 44	3. Philip. Rede (Senat) 4. Philip. Rede (Volk)	Botschaft des D. Brutus an den Senat
1. Jan. 43	5. Philip. Rede (Senat)	Hirtius und Pansa Konsuln, Octavian erhält proprätorisches Imperium
4. Jan. 43	6. Philip. Rede (Volk)	
Mitte Jan. 43	7. Philip. Rede (Senat)	
2. Febr. 43		Der Senat beschließt „*tumultus*“.
3. Febr. 43	8. Philip. Rede (Senat)	*senatus consultum ultimum* gegen Antonius
4. Febr. 43	9. Philip. Rede (Senat)	
Mitte Febr. 43	10. Philip. Rede (Senat)	
Ende Febr. 43	11. Philip. Rede (Senat)	
Anf. März 43	12. Philip. Rede (Senat)	
20. März 43	13. Philip. Rede (Senat)	
14. April 43		Schlacht bei *Forum Gallorum* (Castelfranco Emilia)
21. April 43	14. Philip. Rede (Senat)	Sieg des D. Brutus bei *Mutina* (Modena) über Antonius: Hirtius und Pansa sterben, Brutus erhält Oberkommando in Oberitalien.
26. April 43		Senat erklärt Antonius zum *hostis*.
29. Mai 43		Antonius und Lepidus vereinigen ihre Heere bei *Forum Iulii* (heute Fréjus/Provence).
27. Juli 43	Brief an Brutus (26,3): Cicero erkennt das Umschwenken des Octavian.	D. Brutus ist isoliert, stirbt auf der Flucht.
19. Aug. 43		Octavian erzwingt unter Gewaltandrohung das Konsulat mit Pedius.
Nov. 43	Umschwenken Octavians	Konferenz bei *Bononia* (Bologna): Triumvirat Antonius — Lepidus — Octavian
27. Nov. 43		*Lex Titia*: Ermächtigungsgesetz für die Triumvirn, Beginn der Proskriptionen: 200 Senatoren, 3000 Ritter sterben.
7. Dez. 43	Tod Ciceros	
1. Jan. 42		Caesar wird „*divus*“.
Herbst 42		Schlacht bei Philippi: Tod des Brutus und Cassius, Ende der Republik

3.4 Das Nachleben Ciceros

Der Ruhm, der Cicero schon zu Lebzeiten begleitete, blieb ihm nach seinem Tode erhalten. Auch Augustus, dessen mangelnder Einsatz Ciceros Tod verschuldete, würdigte die literarische Lebensleistung und die Größe des Redners und Philosophen Cicero, wie bei Plutarch zu lesen ist:
„Viele Jahre später kam, wie man mir erzählt, Caesar Augustus einmal zu einem seiner Enkel, welcher eben ein Werk Ciceros in den Händen hielt und es bestürzt unter der Toga versteckte. Caesar, der es bemerkte, ließ sich das Buch geben und las stehend lange darin. Darauf gab er es dem Jüngling zurück und sagte: „Er war ein gelehrter Mann und ein wahrer Freund des Vaterlandes.“
In der ganzen Antike galten die Reden Ciceros als Vorbilder und unerreichte Muster. Sein Name wurde zum Synonym für die Kunst der Rhetorik. So kennt ihn das Mittelalter.

Der Schöne Brunnen in Nürnberg.
Statue Ciceros als Vertreter der Rhetorik im Kreis der *septem artes liberales*, welche das Fundament der Bildung ausmachen. Es sind dies auf dem gotischen Brunnen (1385–1396): Aristoteles (Dialektik) – Cicero (Rhetorik) – Donatus (Grammatik) – Euklid (Geometrie) – Nikomachos (Arithmetik) – Ptolemäus (Astronomie) – Pythagoras (Musik) und als achte Statue Sokrates (Philosophie). Mit den vier Evangelisten und vier Kirchenvätern sowie den sieben Kurfürsten und neun Helden der Weltgeschichte zusammen stellen die antiken *artes* das Weltverständnis des Mittelalters dar, das sich als Produkt aus Antike, biblisch-jüdischer und christlicher Tradition verstand.

Deshalb erscheint in Holzschnitten und Stichen, die von Rhetorik oder Grammatik, überhaupt von schulischer und höherer Bildung handeln, Cicero als Allegorie der Rhetorik. Die gelehrte Tradition hielt sich auch in der Barockzeit. Cicero wird als *princeps oratorum* unter den Geistesgrößen dargestellt, die die Fensterlaibungen der *Aula Leopoldina* (1731) in Breslau schmücken (*links*).

4. Die Philippischen Reden

4.1 Der politische Hintergrund

Nach Caesars Tod schien die Sache der Republik nochmals eine Chance zu haben, doch die Führer der Verschwörung, Brutus und Cassius, mussten Antonius, dem rechtmäßigen Konsul, die Exekutive und damit die Initiative überlassen, da sie sich zu seiner Beseitigung nicht durchringen konnten. Antonius, der sich gerade etabliert hatte, erhielt jedoch Konkurrenz durch Octavian, der das Volk mit der Auszahlung von Caesars Testament und besonders die Veteranen durch seinen Namen und zusätzliche Geldgeschenke an sich binden konnte.

Durch Manipulation bei der Verlosung und durch einen regulären Beschluss der Volksversammlung über einen Tausch der Provinzen versuchte Antonius, die sechs Legionen in Makedonien mit der alten Caesar-Position in Oberitalien, in *Gallia citerior*, für sich zu gewinnen, um eine Operationsbasis gegen Rom zu haben. Dafür sollte Decimus Brutus, der noch von Caesar in Oberitalien für einen längeren Zeitraum eingesetzt worden war, seinen Posten räumen.

Octavian agierte nun publikumswirksam mit der Ausrichtung der *Ludi Victoriae Caesaris*, zu denen gerade ein Komet erschien, was umgehend beim einfachen Volk zum Glauben an Caesars Apotheose (Vergöttlichung) führte.

Cicero, der den zu erwartenden Wirren entfliehen wollte, wurde durch widrige Winde an der Abreise aus Süditalien gehindert und entschloss sich auf die Ermahnung von Freunden und besonders des Atticus hin, trotz Vorahnungen existentieller Bedrohung nach Rom und damit in die politische Arena zurückzukehren.

Die *1. Philippica* ist noch keine „Philippika“ in unserem Sinn, sondern macht Antonius relativ gemessen Vorhaltungen und fordert ihn zum Überdenken seines Handelns und Verhaltens auf. Dieser jedoch antwortet mit aufgestautem Hass gegen Cicero.

Die Reflexe dieser Invektive lassen sich in der *2. Philippica* finden, die wohl aus politischen Gründen, d.h. aus Vorsicht, nie gehalten wurde. Cicero zahlt hier mit gleicher Münze zurück. Auf Antonius' Hassausbruch hin begab sich Cicero außer Reichweite des Antonius auf seine Landgüter und wartete auf seine politische Chance. Diese eröffnete sich, als Antonius Rom verließ und in Unteritalien seine Legionen in Empfang nahm. Anschließend marschierte er mit den verbleibenden Legionen — zwei waren zu Octavian übergegangen — nach Oberitalien und suchte dort D. Brutus zu vertreiben, der sich in Mutina verschanzt hatte.

Am 20. Dez. 44 sprach Cicero vor dem Senat und am Nachmittag vor der Volksversammlung.

Wilfried Stroh hat die Qualität der 4. Philippica und ihrer unmittelbaren Vorgängerin, die am selben Tag gehalten wurde und die gleichen Themen behandelt, hervorgehoben; er spricht von der „Sternstunde des 20. Dezembers“[1] und bezeichnet an anderer Stelle die Koalition zwischen den Caesargegnern im Se-

[1] Die Nachahmung des Demosthenes in Ciceros Philippiken. In: Eloquence et Rhétorique chez Cicéron, Fondation Hardt, Entretiens XXVI. Genf 1981. S. 30

nat und Octavian als „Wunderwerk politischer Rhetorik“[1]. Eine dauerhafte politische Konstellation konnte sich daraus ja in der Tat nicht ergeben, wie jeder erkennen kann, der die Fakten unvoreingenommen zur Kenntnis nimmt.

Die zögerliche Haltung des Senates, die Cicero am Anfang der 3. Philippischen Rede beklagte und die auch in der Folgezeit erkennbar blieb, demonstriert aber die wahren Machtverhältnisse. Cicero musste also versuchen, durch das Votum des Volkes den Senat unter Druck zu setzen. Dabei stellt er die Entscheidungen, die der Senat vertagt hat, — zumindest für den flüchtigen Zuhörer — als bereits gefallen hin. Die halbherzigen Zugeständnisse des Senates verwandelt Cicero in rhetorisch frappierender Manier in ein scharfes Entweder-Oder, in sich ausschließende Alternativen. Wo er im Senat bittet und argumentiert, fordert und behauptet er vor dem Volk. Was er im Senat als Antrag formuliert, verkauft er dem Volk als beschlossene Sache.

So konnte er mit der 4. Philippischen Rede vor dem Volk einen Augenblickserfolg erringen. Die Antonius-Partei war aber stark genug, endgültige Beschlüsse zu verhindern, der Senat suchte die militärische Auseinandersetzung nicht, und so dauerte es fünf Monate, bis Antonius zum *hostis* erklärt wurde, bis die militärische Aktion und ihr Erfolg die Rhetorik einholten, bis die Truppen der Konsuln wirklich da waren und eingesetzt werden konnten, die Cicero am Schluss in der 4. Philippica schon ankündigt, die aber nur auf dem Papier, noch besser in Ciceros Rhetorik, bestehen.

Antonius verlor von den vier Gefechten vor der Stadt Mutina die beiden letzten und entscheidenden. Ironischerweise ist Antonius’ Niederlage das Fanal für seine politischen Wiederauferstehung. Keinen Monat nach der Niederlage vor Mutina ist Antonius mit Lepidus und Munatius Plancus’ Heeren in der Provinz *Gallia Narbonensis* so stark wie nie zuvor, und Octavian, in der Mitte zwischen Antonius und den im Osten drohenden Armeen der Caesar-Mörder, muss sich mit Antonius verbünden, will er nicht selbst untergehen. Gerade diese Ereignisse zeigen, dass Ciceros Führerrolle oder die führende Rolle des Senates nur Produkt von Ciceros Wunschdenken waren, das ihn in diese Konfrontation trieb und durch das letztlich, auch in der Kluft zwischen idealem Anspruch und real-existierender politischer Machtverteilung, Ciceros eigener Untergang herbeigeführt wurde.

sog. Grab des Cicero bei Formiae
Turmgrab mit einer Basis von 18 m Seitenlänge in einem quadratischen Grabbezirk, Mitte 1. Jh. v. Chr.

[1] Worauf beruht die Wirkung ciceronischer Reden? In: Gerhard Jäger u.a.(Hg.). Rede und Rhetorik im Lateinunterricht. Bamberg (C.C. Buchner) 1992. S. 10

4.2 Der Titel der Reden: Orationes Philippicae

Noch heute sprechen wir, wenn eine Rede starke persönliche Angriffe enthält oder der Redner ein Problem sehr aggressiv, leidenschaftlich und engagiert angeht, von einer „Philippika".

Die Benennung geht zurück auf die vier Reden, die Demosthenes, der bedeutendste griechische Rhetor, zwischen den Jahren 349 und 341 v. Chr. gegen Philipp von Makedonien gehalten hat, als dieser nach der Vorherrschaft in Griechenland strebte und die Selbstständigkeit Athens zu untergraben suchte. Demosthenes engagierte sich gegen Philipp, und die Reden, in denen er seinen Landsleuten von einer Verbindung mit dem Makedonenherrscher abriet, tragen nach dem Adressaten den Namen „Philippika".

Da die römische Literatur sich immer an der griechischen maß und das Erreichen eines griechischen Vorbildes als höchstes aller literarischen Ziele galt, orientierte sich auch Cicero daran. Mit der Benennung der Reden nach dem bedeutendsten griechischen Redner hätte Cicero die Krone der Beredsamkeit in Rom errungen.

Den Titel für seine Reden hat Cicero selbst gegenüber Brutus in einem Brief *iocans* (im Scherz) für seine Reden gegen Antonius vorgeschlagen (Ad Brutum 3,4 vom 1. April 43); er hat sich eingebürgert. Es gab aber auch inhaltliche Gründe, die Cicero zu dieser Namengebung veranlassten:

1. Die außergewöhnliche Lage des Staates, der sich unter der Bedrohung eines starken Gegners, der als Person greifbar ist, in einer Existenzkrise befindet bzw. ihr zutreibt, schafft ähnliche Voraussetzungen.
2. Die Ausgangslage, dass nämlich der Staat und die Freiheit der Bürger gefährdet scheinen, ist ähnlich.

Otto Seel meint, die „bedingungslose Gleichsetzung von eigenem und allgemeinem Schicksal" trage zur Parallelität bei. Wilfried Stroh erscheint die „Tod-Freiheit-Topik" wichtig, deren unbedingter Ernst gerade in den späten Philippiken zum Todes-Pathos und zur Todessehnsucht führt. Das Scheitern des Idealisten an der politischen Realität schafft im Nachhinein eine weitere Berechtigung dieser Benennung.

Statue des Demosthenes (384–322 v. Chr.), überlebensgroß (2,07 m), Bildhauer Polyeuktos, 280 v. Chr. auf der Agorá von Athen errichtet; römische Marmorkopie des verlorenen griechischen Bronzeoriginals. (Rom, Vatikanische Museen)

5. Der Ort der Reden

5.1 Forum Romanum: Grundriss Bauzustand Ende des Jahres 44 v. Chr.

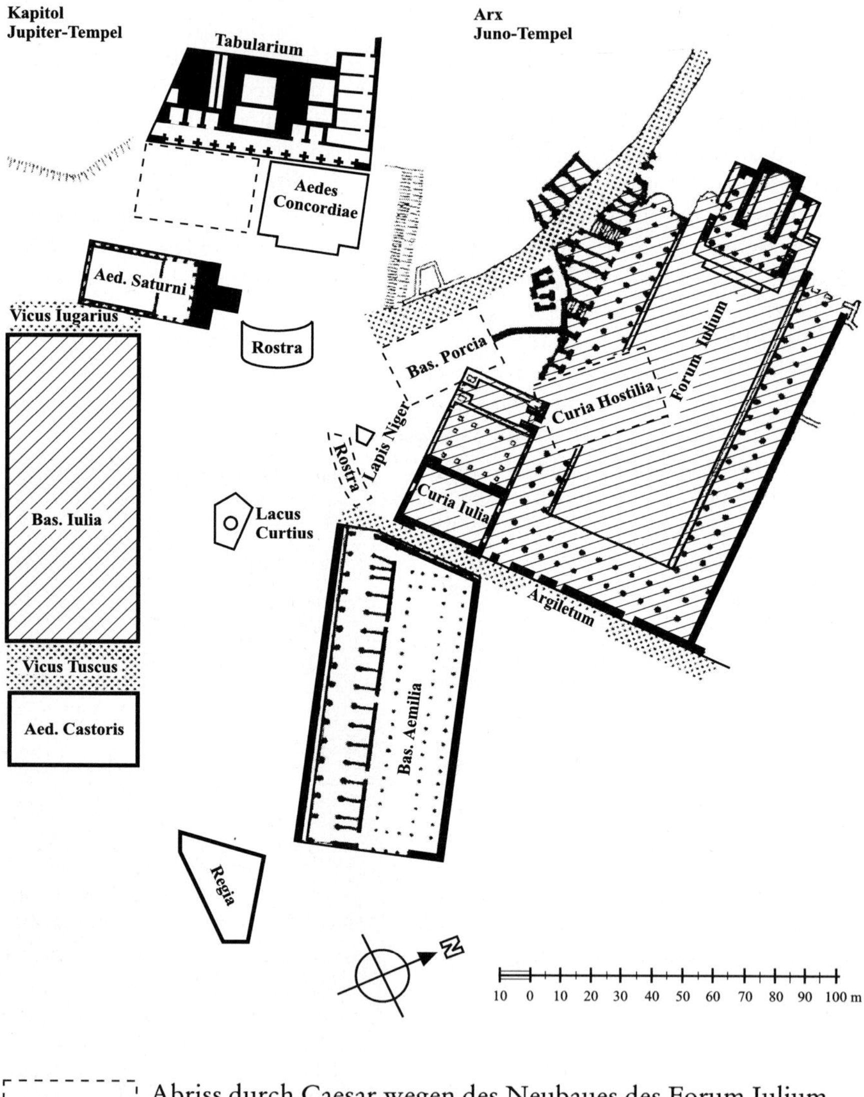

Abriss durch Caesar wegen des Neubaues des Forum Iulium

Zur Zeit der 4. Philippischen Rede im Bau befindlich

5.2 Das Forum Romanum

Forum Romanum: Blick auf das Senatsgebäude

Das Bauwerk entstand in dieser Form als *Curia Iulia* erst durch die Gesamtplanung für Caesars Forum und wurde 29 v. Chr. von Augustus fertig gestellt. Der heutige Bau spiegelt den spätantiken Zustand.

Cicero und alle seine berühmten Vorgänger als Redner und Politiker hielten ihre Reden noch in der alten *Curia Hostilia*. Diese lag schräg links hinter dem erhaltenen Senatsgebäude. Rechts des alten Senatssaales befand sich das *Comitium*, das bis zum Monument des *Lapis Niger* reichte, welches wiederum vor dem sichtbaren Senatsgebäude liegt. In den Bereich des *Comitium* integriert war die halbkreisförmige Anlage der alten Rednerbühne (*Rostra vetera*). Von ihr und dem *Comitium* sind über der Erde kaum Reste erhalten. Auf dem Forumsplatz im Vordergrund versammelte sich das Volk seit der Zeit des Kaisers Augustus, wenn nach einer Senatssitzung Beschlüsse zu verkünden waren. Die neue Rednerbühne war nämlich nach Westen (links) auf die Stirnseite des Forums verlegt worden.

Experimente haben ergeben, dass die Talsenke des Forums an der Stirnseite eine erstaunlich gute Akustik aufweist, die in der Antike bestimmt noch durch die flankierenden Hallenbauten als Resonanzkörper verbessert wurde.

Forum Romanum: Blick auf den Forumsplatz

Im Vordergrund (mit Dach) der sog. *Lapis Niger*, ein Heroengrab der Frühzeit (6. Jh. v. Chr.), auch „Grab des Romulus“ genannt, rechts hinter dem grünen Busch der *Lacus Curtius*, die Stelle, an der sich der römische Ritter Marcus Curtius in einen Erdspalt gestürzt haben soll, um die Götter zu befriedigen, welche von Rom ein hervorragendes Opfer gefordert hatten. Curtius opfert sich und in seiner Person die *virtus*, das Beste, was Roms Größe ausmachte. Aus dem Vordergrund des Bildes heraus reichte das alte *Comitium* der ciceronianischen Zeit bis zum *Lapis Niger*. In das Rund des *Comitium*-Platzes integriert waren die alten *Rostra*, die sich in halbrunder Form im linken unteren Bildviertel befanden. Wegdenken muss man sich zu dieser Zeit die Ehrensäulen mit ihren Sockeln in der Bildmitte und den Caesar-Tempel (links), ebenso den Titusbogen im Hintergrund. Ganz links stünden zwei Stockwerke hoch die Arkadenfront der *Basilica Aemilia* und rechts — noch als Baustelle zu denken — die von Caesar im Jahr 46 v. Chr. begonnene *Basilica Iulia* (110 x 49 m), die erst gegen 12 v. Chr. ihrer endgültigen Vollendung entgegenging, aber in diesem Jahr durch einen Brand zerstört wurde. Augustus ließ die Halle dann zu Ehren seiner Enkel neu errichten.

5.3 Rostra — Rednerbühne am Forum Romanum

Geschichte der Rostra

Seinen Namen erhielt das Bauwerk von den Schiffsschnäbeln (*rostra*), welche an der Vorderseite des halbrunden Baues zur Erinnerung an den Seesieg der Römer über die Stadt Antium (338 v. Chr.) angebracht waren.
Diese Tribüne lag — auf dem linken Bild ganz links vor dem kleinen Busch im Mittelgrund — am Rande des alten *Comitiums*, des Platzes der Volksversammlung, vor der alten *Curia Hostilia*. Als Caesar sein neues Forum, das *Forum Iulium*, konzipierte, wurde der altehrwürdige Senatsbau der *Curia Hostilia* abgebrochen. Caesar ließ 45 v. Chr. die Rostra an die Westseite des Forumsplatzes verlegen und weitgehend in der alten halbrunden Form wieder aufbauen (Vordergrund; vgl. die Münzdarstellung auf der nächsten Seite). Sie wurden noch zu Caesars Lebzeiten Anfang des Jahres 44 v. Chr. — wohl im Januar — eingeweiht. Das Foto zeigt im Vordergrund den heute sichtbaren Baurest der *Rostra* von der Rückseite: eine große rechteckige Ziegelwand. Diese Tribünenanlage wurde von Augustus errichtet. Sie nimmt denselben Platz wie Caesars Bau ein. Man erkennt ganz im Vordergrund den halbrunden Treppenaufgang zur Plattform. Dieses Halbrund ergibt sich aus der alten caesarischen Tribünenform, die von Augustus überbaut wurde, um die Bauinschrift und damit den Namen des Mannes zu tilgen, der sie im Auftrag Caesars hatte errichten lassen, nämlich „Marcus Antonius".

Die Rostra Caesars und die Rostra des Augustus

Auf dem Bild blickt man in der Seitenansicht ins „Innere“ der *Rostra* hinein und erkennt die zwei vorhandenen Baukörper, rechts die rechteckige Konstruktion, die Augustus ausführen ließ, links die halbrunde Front der caesarischen *Rostra,* derenVerkleidung in Marmor noch teilweise erhalten ist. Auf diesen linken *Rostra* des Jahres 44 v. Chr. hielt also Cicero im Jahre 43 v. Chr. die Philippischen Reden 4 und 6, und nach dem Zeugnis des Historikers Cassius Dio wurden hier auch Kopf und Hände des getöteten Cicero auf Antonius’ Anweisung hin ausgestellt. Pikanterweise sprach Cicero offensichtlich vom Bauwerk des Marcus Antonius herab gegen Marcus Antonius.

Denare des Münzmeisters Lollius Palicanus mit der Darstellung der *Rostra* (Rednerbühne) Caesars, 44 v. Chr. Die Münzbilder belegen, dass die *Rostra* Caesars als Form das Halbrund der alten *Rostra* beibehalten haben und auch mit den ehemals dort angebrachten *Rostra* („Schiffsschnäbel“) geschmückt sind.

M. TULLI CICERONIS
IN M. ANTONIVM
ORATIO PHILIPPICA QVARTA

Ein Silberstreif am Horizont!

1. Frequentia vestrum incredibilis, Quirites, contioque tanta, quantam 1
meminisse non videor, et alacritatem mihi summam defendendae rei publicae adfert et spem recuperandae.

Quamquam animus mihi quidem numquam defuit: tempora defuerunt; quae simul ac primum aliquid lucis ostendere visa sunt, princeps vestrae libertatis defendendae fui. Quod si id ante facere conatus essem, nunc facere non possem. Hodierno enim die, Quirites, ne mediocrem rem actam arbitremini, fundamenta iacta sunt reliquarum actionum. Nam est hostis a senatu nondum verbo appellatus, sed re iam iudicatus Antonius.

Die Kapitelzählung auf der linken Seite des Textes wurde vom Herausgeber vorgenommen, am rechten Rand befindet sich zur Orientierung die Zählung der wissenschaftlichen Ausgaben.

frequentia, -ae (*frequens*) ↗SW — **vestrum** (*Gen.part.*): von euch — **Quirites, -um** ↗SW — **quantam meminisse non videor**: *Übersetzen Sie als Parenthese*! — **alacritas, -atis**: Energie, Bereitschaft, Eifer, Lust
3 **recuperare**: wiedergewinnen, wiederherstellen — **quamquam** *als Einleitung eines Hauptsatzes*: ↗SW — **simul ac primum** = simulac (primum): sobald — **aliquid lucis** (*Gen. part.!*)
6 **ante** ~ antea — **hodiernus, -a, -um** (*hodie*) ↗SW — **mediocris, -e**: mittelmäßig, von mäßiger Bedeutung — ®*actam <esse>* — **actio, -onis** ↗SW
9 **verbo ... re** h.: dem Begriff nach ... der Sache nach

Fragen zum Text (K 1)

1. Wie stellt Cicero am Anfang der Rede seine Situation und sein Verhältnis zur Volksversammlung dar?
2. Der Redner setzt viele rhetorische Mittel ein, um die Situation markant zu beschreiben? Suchen Sie diese und beschreiben Sie ihre Wirkungsabsicht!
3. Notieren Sie die Reihenfolge der in der Rede genannten Gruppen oder Einzelpersonen und beachten Sie auch im gesamten folgenden Text die politischen Konstellationen, die Cicero sprachlich herstellt!
4. Begründen Sie die Stellung des Namens „Antonius“ im Satz! Wenn Sie die Bedingungen für eine Rede auf dem Forum bedenken (ohne Lautsprecher!): Wie kommt dieser Satz beim Zuhörer an?

Volk, Cicero, Senat gegen den Staatsfeind Antonius!

2. Nunc vero multo sum erectior, quod vos quoque illum hostem esse 2 tanto consensu tantoque clamore approbavistis. Neque enim, Quirites, fieri potest, ut non aut ei sint impii, qui contra consulem exercitus comparaverunt, aut ille hostis, contra quem iure arma sumpta sunt. Hanc igitur dubitationem, quamquam nulla erat, tamen ne qua posset esse, senatus hodierno die sustulit. C. Caesar, qui rem publicam libertatemque vestram suo studio, consilio, patrimonio denique tutatus est et tutatur, maximis senatus laudibus ornatus est.

---

erectus, -a, -um h.: ermutigt, zuversichtlich — **ap-probare**: Suchen Sie selbst eine Bedeutung und eine Begründung für das *verbum compositum*!

neque ... fieri potest, ut non: Übersetzen Sie die doppelte Verneinung (*neque — non*) mit „nur“ — **dubitatio, -onis** (*dubitare*) ↗SW

C. Caesar: gemeint ist Octavian, der nach dem Testament Caesars auch dessen Namen erbte; indem er den Namen des Diktators für sich übernahm, setzte er auch politisch ein Zeichen (vgl. die Münzprägung unten). — **patrimonium, -i**: ererbtes Vermögen

Fragen zum Text (K 2):

1. Cicero konnte sich offensichtlich darauf verlassen, dass die Meinung des Volkes in seinem Sinne ausfallen würde. Warum redet er das Volk trotzdem dreimal in diesem ersten Redeteil unmittelbar an?
2. Welche stilistischen Mittel setzt Cicero hier und in der folgenden Passage gehäuft ein, um die Übereinstimmung zwischen sich und der Volksversammlung rhetorisch zu untermalen, und warum wählt er in Zeile 3–6 eine so komplizierte Wendung? Welche politischen Schlagworte und Demutsbezeigungen verwendet der Redner am Anfang seines Auftrittes, um dem Volk zu gefallen?
3. Bewerten Sie die Behauptung in Zeile 4f., man habe *iure* gegen Antonius die Waffen ergriffen.
4. Warum kann Cicero sich von der Nennung des C. Caesar (Octavian) Zustimmung für die eigene Absicht erhoffen?

Denar Octavians, 38 v. Chr.
Münzprägungen der ersten Jahre beziehen sich häufig auf Caesar, um die Nachfolge Octavians zu verdeutlichen. Inschrift ist meistens DIVOS IVLIVS und CAESAR DIVI FILIVS. Die abgebildete Münze lässt die Caesar-Beischrift erkennen und rechts den Anfang DIV(i filius) für Octavian. In den Bildnissen des jungen Caesar-Erben dominiert seine Jugendlichkeit oder — wie hier — die jugendliche Heldenhaftigkeit, wobei Alexander der Große für die Darstellung in Anspruch genommen wird.

C. Caesar — Octavian: der Retter des Staates

Porträt des Octavian:
Das Porträt ist Vorbild für die ersten Münzbilder, die Octavian als Feldherrn und Machthaber zeigen, um 40 v. Chr.
(Rom, Kapitolinische Museen)

3. Laudo, laudo vos, Quirites, quod 3 gratissimis animis prosequimini nomen clarissimi adulescentis vel pueri potius; sunt enim facta eius immortalitatis, nomen aetatis. Multa memini, multa audivi, multa legi, Quirites: nihil ex omnium saeculorum memoria tale cognovi: qui, cum servitute premeremur, in dies malum cresceret, praesidi nihil haberemus, capitalem et pestiferum a Brundisio tum M. Antoni reditum timeremus, hoc insperatum omnibus consilium, incognitum certe ceperit, ut exercitum invictum ex paternis militibus conficeret Antonique furorem crudelissimis consiliis incitatum a pernicie rei publicae averteret.

---

prosequi: begleiten
puer: Octavian ist gerade erst 19 Jahre alt. — ® *immortalitatis ... aetatis esse*: Gen. der Zugehörigkeit
nomen aetatis: nur sein Name (verweist) auf sein Alter
qui: relativer Satzanschluss, der sich, nach dem Sinn, auf Octavian bezieht
capitalis, -e ↗SW — **pestifer, -a, -um** ↗SW — **a Brundisio**: aus Brundisium; in dieser Stadt (heute Brindisi, vgl. Karte S. 11) endete die *Via Appia*, von hier aus setzte man in römischer Zeit nach Griechenland über. Antonius hatte dort die ihm zugesprochenen Legionen aus Makedonien empfangen.
in-speratus: unerwartet — **incognitus, -a, -um** h.: unangekündigt — **ceperit**: Der Konjunktiv erklärt sich aus dem konsekutiven Nebensinn des Relativsatzes. — **paternus, -a, -um** ↗SW (Hier ist Caesar als Adoptivvater Octavians gemeint.)
avertere a ↗SW

Fragen zum Text (K 3):

1. In welcher rhetorischen Form erscheint das Lob des Octavian?
2. Im obigen Textabschnitt dient auch die Darstellung der Handlungen des Antonius der Charakterisierung Octavians. Erläutern Sie dieses Verfahren, indem Sie die Kontrastwörter sammeln und beurteilen Sie die Wirkung dieses Verfahrens auf den Zuhörer!
3. Versuchen Sie auch, die Aussage des Textes zum abgebildeten Porträt des Octavian in Beziehung zu setzen.

Octavians göttliche und unsterbliche Verdienste

4. Quis est enim, qui hoc non intellegat, nisi Caesar exercitum paravisset, non sine exitio nostro futurum Antoni reditum fuisse? Ita enim se recipiebat ardens odio vestri, cruentus sanguine civium Romanorum, quos Suessae, quos Brundisi occiderat, ut nihil nisi de pernicie populi Romani cogitaret. 4

Quod autem praesidium erat salutis libertatisque vestrae, si C. Caesaris fortissimorum sui patris militum exercitus non fuisset?

Cuius de laudibus et honoribus, qui ei pro divinis et immortalibus meritis divini immortalesque debentur, mihi senatus adsensus paulo ante decrevit, ut primo quoque tempore referretur.

Quo decreto quis non perspicit hostem esse Antonium iudicatum? Quem enim possumus appellare eum, contra quem qui exercitus ducunt, eis senatus arbitratur singularis exquirendos honores?

Denar mit Kopf des Octavian: Triumphalprägung (Rom) 31–29 v. Chr., abgeleitet vom ersten Porträttypus (vgl. S. 25), der den jungen Machthaber mit großem Auge (Alexander-Imitation) und aufgeworfenem Haar (sog. *Anastole* als Zeichen der Vergöttlichung im hellenistischen Porträt) zeigt. (London, British Museum)

® *quis est, qui ... intellegat:* Der Relativsatz (*qui*) hat konsekutiven Sinn. — **exitium, -i** ↗SW — **futurum fuisse**: Infinitiv für die Form des Irrealis im Konjunktiv Plusquamperfekt

3 **odio vestri**: Personalpronomen im Genitiv als Gen. obiectivus — **cruentus, -a, -um** ↗SW — **Suessa, -ae (Aurunca)** Stadt nördlich von Neapel: Dort und in Brundisium hatte Antonius strenge Strafmaßnahmen gegen römische Heere ergriffen. Diese Legionen waren daraufhin von ihm abgefallen.

6 **erat**: Realis — **de laudibus et honoribus**: was das Lob .... betrifft

9 **adsensus** (*assentiri*) ↗SW

12 **primo quoque tempore**: so bald als möglich — **referre**: vortragen, h.: über etwas beraten

15 **quem**: Übersetzen Sie prädikativ! — ® *contra quem qui ... senatus arbitratur*: zu Analyse und Übersetzung vgl. Anhang II , Relativsätze 1.3, S. 56

Fragen zum Text (K 4)

1. Erklären Sie die Funktion der vier rhetorischen Fragen in diesem Abschnitt?
2. Wie wird Antonius, der gewählte, legal amtierende Konsul hier gezeichnet?
3. Welche politischen Schlagworte setzt Cicero ein und welchen Zweck hat das überzogene Lob des Octavian?

Antonius im Urteil der Mars-Legion

5. Quid? Legio Martia, quae mihi videtur **6** divinitus ab eo deo traxisse nomen, a quo populum Romanum generatum accepimus, non ipsa suis decretis prius quam senatus hostem iudicavit Antonium? Nam si ille non hostis, hos, qui consulem reliquerunt, hostis necesse est iudicemus.

Denar: frühes Porträt des Marcus Antonius, mit Lituus (Krummstab eines Augurs; Antonius wurde 50 v. Chr. in dieses Kollegium gewählt), M(arcus) ANTO(nius) IMP (erator), 43 v. Chr. aus Gallien

Praeclare et loco, Quirites, reclamatione vestra factum pulcherrimum Martialium comprobavistis: qui se ad senatus auctoritatem, ad libertatem vestram, ad universam rem publicam contulerunt, hostem illum et latronem et parricidam patriae reliquerunt. Nec solum id animose et fortiter, sed considerate etiam sapienterque fecerunt: Albae constiterunt, in urbe opportuna, munita, propinqua, fortissimorum virorum, fidelissimorum civium atque optimorum.

---

quid? ↗SW — **legio Martia**: nach dem Kriegsgott benannt, ging zusammen mit der IV. Legion zu Oktavian über (vgl. Tabelle S. 12f.) — **divinitus** (*Adv.*): durch göttliche Fügung

3 **generare** ↗SW (Anspielung auf die Gründungssage Roms!) — ®*generatum* <*esse*> —

6 ® *necesse est,* <*ut*> mit Konjunktiv, *ut* kann wegfallen

9 **loco**: „am rechten Ort, zur rechten Zeit" — **re-clamatio**: Erschließen Sie selbst die Bedeutung in der aktuellen Situation, indem Sie *re-* wörtlich nehmen! — **Martiales, -ium:** Männer der Mars-Legion — **com-probavistis**: Erschließen Sie die Nuancierung des *verbum compositum*!

15 **parricida, -ae** m. ↗SW— **animosus, -a, -um** (*animus*): beherzt, mutig — **considerate:** überlegt

18 **Albae**: Lokativ von Alba, Stadt östlich von Rom

Fragen zum Text (K 5)

1. Welche Funktion hat die Erwähnung der Namensgeschichte der Mars-Legion?
2. Was besagt das Wort *reclamatio* (Z. 9f.) für die Kommunikation zwischen Redner und Zuhörerschaft?
3. Begründen Sie die Überschrift des Kapitels aus dem Text!

Antonius — Staatsfeind im Urteil aller Patrioten

6. Huius legionis legio quarta imitata virtutem, duce L. Egnatuleio, quem senatus merito paulo ante laudavit, C. Caesaris exercitum persecuta est. Quae exspectas, M. Antoni, iudicia graviora? Caesar fertur in caelum, qui contra te exercitum comparavit; laudantur exquisitissimis verbis legiones, quae te reliquerunt, quae a te arcessitae sunt, quae essent, si te consulem quam hostem maluisses, tuae: quarum legionum fortissimum verissimumque iudicium confirmat senatus, comprobat universus populus Romanus, nisi forte vos, Quirites, consulem, non hostem iudicatis Antonium.

Sic arbitrabar, Quirites, vos iudicare, ut ostenditis. Quid? Municipia, 7
colonias, praefecturas num aliter iudicare censetis? Omnes mortales una mente consentiunt: omnia arma eorum, qui haec salva velint, contra illam pestem esse capienda. Quid? D. Bruti iudicium, Quirites, quod ex hodierno eius edicto perspicere potuistis, num cui tandem contemnendum videtur?

L. Egnatuleius: Kommandant der IV. Legion, Quaestor 44 v. — Ordne: *legio quarta virtutem huius legionis imitata*

3 **exquisitus, -a, -um** ↗SW — **arcessitae**: aus Makedonien herbeigeholt

6 **te consulem**: erg. dt. „dich ... benehmen° als“

9 **colonia, -ae**: Stadt, die für römische Bürger gegründet wurde — **praefectura**: Kreisstadt (wird durch einen Präfekten aus Rom verwaltet)

12 **haec** n.Pl.: dies hier (gemeint ist der römische Staat und seine Institutionen) — **pestis**: gemeint ist Antonius — **Decimus Brutus**: Statthalter der Provinz Gallia Cisalpina; weigerte sich, die Provinz an Antonius zu übergeben (vgl. Tabelle S. 12f.). — **edictum, -i**: das Edikt, der Erlass (Ein Statthalter in einer Provinz regiert mit Edikten.)

Fragen zum Text (K 6)

1. Warum spielt Cicero hier besonders mit rhetorischen Mitteln?
2. Welche Absicht verfolgt er mit den immer wieder eingestreuten rhetorischen Fragen?
3. Z. 12: *Omnes mortales una mente consentiunt.* Was soll den Zuhörern hier für ein Eindruck suggeriert werden?
4. Bewerten Sie die Bezeichnung des Antonius als *pestis* in Z. 13!

Antonius oder Brutus ein Staatsfeind?

7. Recte et vere negatis, Quirites. Est enim 8 quasi deorum immortalium beneficio et munere datum rei publicae Brutorum genus et nomen ad libertatem populi Romani vel constituendam vel recipiendam. Quid igitur D. Brutus de M. Antonio iudicavit?

Excludit provincia; exercitu obsistit; Galliam totam hortatur ad bellum ipsam sua sponte suoque iudicio excitatam.

Si consul Antonius, Brutus hostis: si conservator rei publicae Brutus, hostis Antonius.

Num igitur, utrum horum sit, dubitare possumus?

Atque ut vos una mente unaque voce dubitare vos negatis, sic modo decrevit senatus D. Brutum optime de re publica mereri, cum senatus auctoritatem populique Romani libertatem imperiumque defenderet.

A quo defenderet? Nempe ab hoste: quae est enim alia laudanda defensio?

Porträt, vermutlich Antonius, grüner Basalt, idealisierte Darstellung: schmaler Hals, Reduzierung der sonst auffälligen Kinnpartie, jugendlich, wenig individuell, FO: Canopus bei Alexandria/ Ägypten, (Kingston Lacy, Banker Collection)

---

3 **Brutorum genus**: Cicero spielt darauf an, dass ein Brutus Rom von der Tyrannei des Tarquinius Superbus befreit hat (etwa 510 v. Chr.) und damit der Begründer der Republik wurde und dass zweitens ein Brutus durch den Mord an Caesar (44 v. Chr.) die Republik wiederhergestellt hat. — **recipere**: wiederherstellen, wiedergewinnen

6 **ob-sistere**: Setzen Sie selbst zusammen!

9 **ipsam**: bezieht sich trotz der außergewöhnlichen Stellung auf *Galliam*

21 **nempe**: allerdings, freilich, doch wohl

Fragen zum Text (K 7)

1. Suchen Sie die Stellen im Kapitel auf, an denen der rednerische Erfolg Ciceros und der Eindruck bei den Zuhörern deutlich erkennbar ist!
2. Warum verweist Cicero auch hier wieder auf die römische Geschichte und die unsterblichen Götter?
3. Ist die politische Lage so eindeutig, wie sie Cicero seinen Hörern in der Mitte des Kapitels in Antithesen zur Entscheidung vorlegt?

Antonius, ein Freund nur für Räuber

8. Deinceps laudatur provincia Gallia meritoque ornatur verbis amplissimis ab senatu, quod resistat Antonio. Quem si consulem illa provincia putaret neque eum reciperet, magno scelere se astringeret: omnes enim in consulis iure et imperio debent esse provinciae. 9

Negat hoc D. Brutus imperator, consul designatus, natus rei publicae civis; negat Gallia, negat cuncta Italia, negat senatus, negatis vos. Quis illum igitur consulem nisi latrones putant? Quamquam ne ei quidem ipsi, quod loquuntur, id sentiunt nec ab iudicio omnium mortalium, quamvis impii nefariique sint, sicut sunt, dissentire possunt.

Sed spes rapiendi atque praedandi occaecat animos eorum, quos non bonorum donatio, non agrorum adsignatio, non illa infinita hasta satiavit; qui sibi urbem, qui bona et fortunas civium ad praedam proposuerunt; qui, dum hic sit, quod rapiant, quod auferant, nihil sibi defuturum arbitrantur; quibus M. Antonius — o di immortales, avertite et detestamini, quaeso, hoc omen! — urbem se divisurum esse promisit.

---

deinceps: darauf, sodann — **amplus,-a,-um** h.: ehrenvoll, rühmlich — Ⓚ **resistat** : Konj., weil eine Meinungsäußerung des Senates vorliegt

3 **se astringere** *m. Abl.*: sich verstricken in, sich schuldig machen einer Sache — **consul designatus**: Designiert ist der Konsul, der gewählt (hier für das Jahr 42), aber noch nicht im Amt ist.

9 **praedari**: Beute machen, plündern, rauben — **occaecare**: blind machen — **donatio, -onis**: die Schenkung — **assignatio, -onis**: Zuweisung — **hasta, -ae**: Versteigerung; eine aufgestellte Lanze diente als Kennzeichnung der Stelle, an der die Versteigerung stattfand; gemeint ist hier der Einzug des Vermögens der Anhänger des Pompeius.

12 **satiare** ↗SW — **sibi ad praedam proponere**: sich zur Beute bestimmen — Ⓚ *rapiant ... auferant*: Wie lässt sich der Konjunktiv im Relativsatz erklären? — Ⓚ *defuturum <esse>*

15 **detestari**: abwehren, mit Abscheu zurückweisen

Fragen zum Text (K 8)

1. Welche Stilmittel begegnen in dem Textabschnitt in auffälliger Form? Warum verdichten sich an einigen Punkten die rhetorischen Mittel!
2. Woher kennt Cicero die Versprechungen des Marcus Antonius gegenüber seinen Anhängern?
3. Warum wendet sich Cicero am Schluss des Kapitels an die unsterblichen Götter? In welche emotionale Lage versetzt er seine Zuhörer im unmittelbaren Umfeld der Götteranrufung? Versuchen Sie anhand des Forumsplanes (S. 18) die *aversio* Ciceros zur Anrufung der Götter nachzuvollziehen!

Rettung des Staates durch Götter und Menschen

9. Ita vero, Quirites, ei, ut precamini, eveniat atque huius amentiae poena 10
in ipsum familiamque eius recidat! Quod ita futurum esse confido. Iam enim non solum homines, sed etiam deos immortalis ad rem publicam conservandam arbitror consensisse. Sive enim prodigiis atque portentis di immortales nobis futura praedicunt, ita sunt aperte pronuntiata, ut et illi poena et nobis libertas appropinquet; sive tantus consensus omnium sine impulsu deorum esse non potuit, quid est, quod de voluntate caelestium dubitare possimus?

Reliquum est, Quirites, ut vos 11
in ista sententia, quam prae vobis fertis, perseveretis. Faciam igitur, ut imperatores instructa acie solent, quamquam paratissimos milites ad proeliandum videant, ut eos tamen adhortentur; sic ego vos ardentis et erectos ad libertatem recuperandam cohortabor.

Münze (Aureus) des Marcus Antonius, Porträt lächelnd;
M(arcus) ANT(onius) IMP(erator) IIIVIR R(ei) P(ublicae) C(onstituendae), 40 v. Chr.
(Berlin, Staatl. Museen, Münzkabinett)

---

amentia ↗SW — **re-cidere** (*cadere*!): Leiten Sie selbst ab!
3 **prodigium,-i**: Wunderzeichen, Vorzeichen — **pro-nuntiare**: Leiten Sie selbst ab!
6 **quid est, quod** *m. Konj.*: welchen Grund gibt es, dass
9 **prae se ferre**: an den Tag legen, bekunden, deutlich zu erkennen geben — **perseverare in** *m. Abl.*: beharren auf, bleiben bei — ® Von *faciam* hängt eine korrelative Konstruktion ab: *ut imperatores ... solent; sic ... cohortabor.* Im lateinischen Satz gibt es einen gewissen Konstruktionsbruch ab *sic*.

Fragen zum Text (K 9)

1. Wie verhielt sich die Menge der Zuhörer bei Ciceros Wendung an die Götter? Worin bestehen nach Cicero die untrüglichen Vorzeichen der Götter?
2. Bewerten Sie die offen ausgesprochene Absicht der Rede ab Z. 11?
3. Warum braucht Cicero den *consensus omnium* als Grundlage seines Handelns? Wie ist er zu bewerten? Fällt Ihnen aus der jüngeren Vergangenheit ein Beispiel ein, in dem auch eine ausgewählte Teilmenge des Volkes stellvertretend für das Volk angesehen wurde? Beschreiben Sie die Situation kurz!

Antonius kein „Feind“, sondern eine „Bestie“

10. Non est vobis, Quirites, cum eo hoste certamen, cum quo aliqua pacis condicio esse possit. Neque enim ille servitutem vestram, ut antea, sed iam iratus sanguinem concupiscit. Nullus ei ludus videtur esse iucundior quam cruor, quam caedes, quam ante oculos trucidatio civium.

Non est vobis res, Quirites, cum scelerato homine ac nefario, sed cum **12**
immani taetraque belua, quae, quoniam in foveam incidit, obruatur. Si enim illim emerserit, nullius supplici crudelitas erit recusanda. Sed tenetur, premitur, urgetur nunc eis copiis, quas iam habemus, mox eis, quas paucis diebus novi consules comparabunt.

Incumbite in causam, Quirites, ut facitis. Numquam maior consensus vester in ulla causa fuit; numquam tam vehementer cum senatu consociati fuistis. Nec mirum: agitur enim non, qua condicione victuri, sed victurine simus an cum supplicio ignominiaque perituri.

Quamquam mortem quidem natura omnibus proposuit; crudelitatem **13**
mortis et dedecus virtus propulsare solet, quae propria est Romani generis et seminis.

---

3 **concupiscere**: (heftig) begehren, verlangen nach, lechzen nach — **cruor, -oris** m.: Blut — **trucidatio, -onis**: Abschlachten, Niedermetzelung

6 **mihi res est cum** ↗SW — **fovea, -ae**: die Grube — **obruere**: vergraben, zuschütten, überdecken — **illim** ~ *illinc*: von dort — **e-mergere**: hervortauchen, herauskommen — **supplicium, -i**: Strafe, Hinrichtung — **recusare**: von der Hand weisen (Erfassen Sie den Sinn der Stelle und formulieren Sie dann frei im Deutschen!)

9 **novi consules**: Amtsantritt zum 1. Januar — **incumbere**: sich eifrig bemühen um

12 **consociatus, -a, -um**: verbündet, vereinigt — ® *victuri <simus>*

15 **propulsare**: abwehren — **propria**: als Substantiv mit Genitiv zu übersetzen — **semen, -inis** h.: Abstammung

FRAGEN ZUM TEXT (K 10)

1. Worauf spielt Cicero an, wenn er Mord und Gemetzel als *ludus* (Z. 3) bezeichnet?
2. Inwiefern lässt sich in der negativen Charakterisierung des Antonius eine Steigerung erkennen?
3. Warum steigert Cicero die Auseinandersetzung zu einem Kampf um Leben und Tod?
4. Begründen Sie, warum man den Redeteil ab Kap. 10 als „Feldherrenrede“ bezeichnet!

Antonius, ein Staatsfeind ohne Staat

11. Hanc retinete, quaeso, Quirites, quam vobis tamquam hereditatem maiores vestri reliquerunt. Alia omnia falsa, incerta sunt, caduca, mobilia: virtus est una altissimis defixa radicibus, quae numquam vi ulla labefactari potest, numquam demoveri loco. Hac maiores vestri primum universam Italiam devicerunt, deinde Karthaginem exciderunt, Numantiam everterunt, potentissimos reges, bellicosissimas gentis in dicionem huius imperi redegerunt.

14 Ac maioribus quidem vestris, Quirites, cum eo hoste res erat, qui haberet rem publicam, curiam, aerarium, consensum et concordiam civium, rationem aliquam, si ita res tulisset, pacis et foederis: hic vester hostis vestram rem publicam oppugnat, ipse habet nullam; senatum, id est orbis terrae consilium, delere gestit, ipse consilium publicum nullum habet; aerarium vestrum exhausit, suum non habet.

Nam concordiam civium qui habere potest, nullam cum habeat civitatem? Pacis vero quae potest esse cum eo ratio, in quo est incredibilis crudelitas, fides nulla?

---

hanc: erg *virtutem* — **hereditas, -atis** ↗SW — **caducus, -a, -um**: hinfällig

3 **defigere, defigo, defixi, defixum**: befestigen — **labefactare** (*labi* — *facere*): ins Wanken bringen — **de-movere loco**: vom Platz verdrängen — **Karthago, -inis**: Zerstörung 146 v. Chr. durch Scipio

6 **Numantia, -ae**: (Stadt in Spanien) Zerstörung 133 v. Chr. durch Scipio — **in dicionem alcs redigere** ↗SW

9 **aerarium, -i** ↗SW — **rationem aliquam**: eine Vorstellung von, Achtung vor ... — **si res ita tulisset**: gegebenenfalls, wenn die Sache es erforderte

12 **id est**: das heißt — **gestire**: verlangen, wünschen — **qui**: wie?

15 **civitas,-atis** h.: Bürgerrecht — **ratio, -onis** h.: Art /Form von ...

Fragen zum Text (K 11):

1. Warum stützt sich Cicero hier in seiner Argumentation auf die römischen Werte *virtus*, *concordia* usw. und die Leistungen der Vorfahren?
2. Inwiefern ist Antonius ein „anderer" Staatsfeind und was will Cicero mit dieser Argumentation erreichen?
3. Welche rhetorischen Mittel setzt Cicero ein, um seine Agitation zu unterstützen?

Freiheit für das römische Volk!

12. Est igitur, Quirites, populo Romano, victori omnium gentium, omne 15
certamen cum percussore, cum latrone, cum Spartaco. Nam quod se similem esse Catilinae gloriari solet: scelere par est illi, industria inferior. Ille cum exercitum nullum habuisset, repente conflavit: hic eum exercitum, quem accepit, amisit. Ut igitur Catilinam diligentia mea, senatus auctoritate, vestro studio et virtute fregistis, sic Antoni nefarium latrocinium vestra cum senatu concordia tanta, quanta numquam fuit, felicitate et virtute exercituum ducumque vestrorum brevi tempore oppressum audietis.

Equidem quantum cura, labore, vigiliis, auctoritate, consilio eniti atque 16
efficere potero, nihil praetermittam, quod ad libertatem vestram pertinere arbitrabor; neque enim id pro vestris amplissimis in me beneficiis sine scelere facere possum. Hodierno autem die primum referente viro fortissimo vobisque amicissimo, hoc M. Servilio, conlegisque eius, ornatissimis viris, optimis civibus, longo intervallo me auctore et principe ad spem libertatis exarsimus.

---

percussor, -oris: Mörder — **Spartacus, -i**: Führer des schlimmsten Sklavenaufstandes der römischen Geschichte

3 **Catilina, ae**: Cicero hatte dessen Staatsstreich in seinem Konsulatsjahr (63 v. Chr.) vereitelt. Er wurde dafür zum *pater patriae* ernannt, später jedoch gerade wegen dieser Leistung verbannt. — **scelus, -eris** h.: verbrecherische Potenz — **industria, ae** h.: Energie — **conflare**: zusammenbringen (Bild?)

6 **latrocinium,-i** ↗SW

9 Ⓚ *oppressum <esse>* — **equidem**: ich freilich — **eniti**: sich bemühen, erreichen, durchsetzen

12 **pro** h.: angesichts — **amplissima beneficia**: Die Staatsämter, in die Cicero gewählt wurde, werden als *beneficia* des Volkes bezeichnet. — **possum**: Der lateinische Realis ist im Deutschen mit Konjunktiv wiederzugeben!

M. Servilius: Volkstribun, der die *contio* einberufen und mit dem Bericht des Magistrats eingeleitet hat; Cicero trat nur als Redner auf.

15 *ad spem libertatis ... exarsimus*: „wir“ fasst am Schluss alle Gruppen gegen Antonius zusammen! — **exardescere**: erglühen, entbrennen

Fragen zum Text (K 12)

1. Warum verweist Cicero auf die großen, für Rom unmittelbaren Bedrohungen (Spartacus und Catilina) im 1. Jh. v. Chr. und ihre Überwindung?
2. Welche besondere Absicht verfolgt Cicero mit dem Bezug auf Catilina?
3. Inwiefern enthält der Schluss der Rede inhaltlich und sprachlich auch den rhetorischen Höhepunkt?

Inhaltsübersicht – Redeteile: Padre Martino de Cygne

Ars Ciceroniana sive Analysis Rhetorica omnium orationum M. T. Ciceronis, Venedig 1739

IV. PHILIPPICA: Argumentum, Quaestio, Stylus
Haec oratio est eodem argumento, quo prior: etiam eodem die ad populum habita, quo prior in Senatu; docet enim populum quid actum sit in Senatu, cum laudatione eorum, qui Rempub. defendendam susceperint, etiam cum insectatione in Antonium qui hostis iudicatus sit; hortaturque populum ad libertatem recuperandam.
Quaestio est in genere deliberativo, an M. Antonius sit a populo iudicandus hostis. Stylus est medius.

SYNOPSIS.

EXORDIUM. Frequens concio, & alacritatem Ciceroni affert Reip. defendendæ, & ſpem recuperandæ libertatis.

PROPOSIT. M. Antonius eſt a populo judicandus hoſtis.

1. ARGUM. Quis omnium præjudicio eſt hoſtis.

ARGUMENT. M. Antonius judicio Senatus, & Octavii Cæſaris, & veteranorum militum, & D. Bruti, & Galliæ, & ipſorum Deorum eſt hoſtis: igitur omnium præjudicio eſt hoſtis.

AMPLIFIC. & AFFECT. Senatus maximas gratias atque honores decrevit Octavio Cæſari, ejuſque militibus, quod crudelem Antonium reliquerunt, & propulſarunt: decrevit item D. Bruto, & Galliæ, qui Antonio reſtiterunt. Quo facto quis non perſpicit Antonium hoſtem eſſe judicatum? quem enim appellare poſſumus eum, contra quem qui exercitus ducunt, iis Senatus arbitratur ſingulares exquirendos honores? aut igitur hoſtis Octavius, hoſtis Brutus, qui contra Senatus auctoritatem reſiſtunt Antonio; aut non Conſul Antonius, ſed hoſtis. Ad hunc Senatus, imperatorumque conſenſum accedit juditium Deorum, qui portentis hoſti patriæ Antonio pœnas denunciant.

PERORAT. Adhortatio ad populum, ut libertatem defendat contra Antonium crudelem Tyrannum; præſertim cum facilius hic hoſtis poteſt obrui.

151

Information zur Übersetzung:
Durch die Aussprache der lateinischen Lautverbindungen *-ti* und *-ci* als „z“ in der Spätantike und der europäischen Tradition verliert sich das Bewusstsein, wann welche Schreibung sprachlich korrekt ist. Es kommt daher zu den Verwechslungen *„concio“* (statt *contio*), *„iuditium“* (statt *iudicium*) und *„denunciat“* (statt *denuntiat*). *Res publica* erscheint als *„reip.“* abgekürzt in der Flexionsform des Genitivs. Die Konjunktion *„et“* wird als Ligatur (Buchstabenverbindung) geschrieben, wie sie in Europa üblich geworden ist „*&*“.

Fragen zur Interpretation

1. Informieren Sie sich über den Aufbau einer normalen antiken Rede (S. 47). Vergleichen Sie dann das Ergebnis mit der Übersicht über die Redeteile und beurteilen Sie die Unterschiede!
2. Vergegenwärtigen Sie sich nochmals im Überblick den tatsächlichen Inhalt der Rede, ehe Sie an die Interpretation der gesamten Rede herantreten.

Fragen zur Gesamtinterpretation der Rede

1. *libertas* und *res publica* sind für Cicero verteidigenswerte Güter. Prüfen Sie, wo und in welchem sprachlichen Kontext Cicero diese Worte verwendet!
2. Warum will Cicero in der Rede den Eindruck vermitteln, sein Handeln und seine Forderungen geschähen *iure*? In welcher Beziehung steht *ius* zu den in Frage 1 genannten Wertbegriffen? Auf welche „iuristisch" haltbaren Grundlagen kann Cicero sich stützen?
3. Analysieren Sie die Rede im Rückblick nach den Kategorien von „Aufwertung" und „Abwertung", die für jede politische Rede gelten[1]; finden und begründen Sie zutreffende Kategorien:

Aufwertung der eigenen Meinung und Partei

- günstige Seiten hervorheben, ungünstige abschwächen oder verschweigen
- positive Attribute für Wir-Gruppe
- dynamisches Wortfeld für Wir-Gruppe
- Koppelung mit positiven Werten (Freiheit, Gerechtigkeit, Demokratie etc.)
- aufgrund von zwei/drei konkreten Beispielen positive Verallgemeinerung
- eigennützige Ziele als uneigennützig ausgeben („Gemeinwohl")
- Übersteigerung eigener Verdienste: einziger Garant für Sicherheit und Freiheit
- Fehler anderen zuschieben: einer anderen Gruppe oder den Umständen („unabwendbares Schicksal")
- Einladung der Zuhörer zur Identifikation mit Wir-Gruppe
- wer anderer Meinung ist, dem gegnerischen Lager zuschlagen
- unverfängliche Zeugen aufrufen

Abwertung des Gegners

- Ungünstige Seiten hervorheben, günstige abschwächen oder verschweigen
- Häufung negativer Attribute
- Koppelung des Gegners mit negativen Werten (Unfreiheit, Unrecht, Tyrannei)
- aufgrund von zwei/drei konkreten Beispielen negative Verallgemeinerung
- Fehler des Gegners ins Maßlose vergrößern: „Untergang des Abendlandes"
- Fehler dritter Gruppen dem Gegner zuschieben; Erfolge dem Gegner absprechen
- Deformation gegnerischer Zitate, um sie leichter widerlegen zu können
- Gegner verrät eigene Grundsätze; Gegner ist von Geschichte längst widerlegt
- Diffamierung durch Assoziation
- Neudefinition gegnerischer Schlagworte
- innenpolitischen Gegner mit außenpolitischem Feind koppeln
- unverfängliche Zeugen anrufen

4. Bewerten Sie Form und Methode von Ciceros politischem Engagement in dieser historischen, für den Erhalt des römischen Staates so prekären Situation ethisch! Halten Sie Ciceros Verfahren für gerechtfertigt? Diskutieren Sie, wie weit politischer Überzeugungswille rhetorisch gehen darf!
5. „Menschen nehmen in erster Linie nur wahr, was mit ihren bisherigen Überzeugungen übereinstimmt, und pflegen das zu übersehen, was ihren Überzeugungen widerspricht." (Erwin Scheuch) Wie trägt Cicero in der vorliegenden Rede dieser allgemein gültigen Tatsache Rechnung?

---

[1] nach H. D. Zimmermann. Elemente zeitgenössischer Rhetorik. In: Diskussion Deutsch. 1971. S. 166f.

Allegorie der Rhetorik: Den Sitz der Frauengestalt umgeben fünf antike Autoren. Die Wissensgebiete, für welche diese sinnbildhaft stehen, müssen dem Redner bekannt sein; denn sie liefern der Rhetorik die Mittel zu ihrer Wirksamkeit. Als Herrscher nimmt *Iustinianus* mit dem *Corpus Iuris (leges)* den obersten Platz ein, da die Rede sich auf die Grundlage der Gesetze stützen muss. Die Rhetorik greift mit ihren Händen nach der Dichtkunst *(poesis – Virgilius)* und der Geschichte *(historia – Sallustius)*. Diese liefern Inspiration und Phantasie bei der Findung von Argumenten (*inventio* – am Halsausschnitt des Gewandes) und historisches Material, womit die Rede argumentativ gestaltet werden kann (*historia* – Inschrift auf dem Gürtel). Die Schärfe des Urteils (Schwert) bezieht die Rhetorik von der Philosophie und Ethik *(moralia – Seneca)*, den Bedingungen, welche die Natur dem Menschen vorgibt, gilt es mit Nachsicht (Lilie – Milde) zu begegnen *(naturalia – Aristoteles)*. Am Saum des Gewandes der Rhetorik sind die Mittel der Redekunst zu lesen: *colores* (Ton der Rede, Stilgattungen) – *enthymenia* (Argumentationslehre) – *exemplum* (das Beispiel zur Veranschaulichung der Rede). Auf diesen Gebieten der rhetorischen Theorie galt Cicero in besonderem Maße als unerreichtes Vorbild. Angewendet wird dies alles in der Rede für Milo (vorne links: Schrift auf dem Oberschenkel). Sein Verteidiger Cicero beugt sich argumentierend (weisende Handbewegung) über den Verhandlungstisch. Die Inschrift am Tisch (*Tullius eloquentiae par* – Tullius = Cicero, an Beredsamkeit gewachsen) weist auf die Leistung der Rhetorik Ciceros hin, der sich dem ganzen Senat und Volk von Rom *(SEN: PO:QE RO.)* rednerisch ebenbürtig zeigt. (Holzschnitt aus Gregor Reisch, Margarita philosophica, 1503)

Anhang I: Rhetorik

1. Vergleich von Senats- und Volksrede

Vor dem Senat: Phil. III, 5 f.:

I. Cui (Caesari) quidem hodierno die, patres conscripti,
— nunc enim primum ita convenimus,
ut illius beneficio possemus ea,
quae sentiremus,
libere dicere —
tribuenda est auctoritas,
ut rem publicam non modo a se susceptam
sed etiam a nobis commendatam
possit defendere.

II. Nec vero de legione Martia,
quoniam longo intervallo loqui nobis de re publica licet,
sileri potest.

III. Quis enim unus fortior
quis amicior umquam rei publicae fuit quam legio Martia universa?

Quae
cum hostem populi Romani M. Antonium iudicasset,
comes esse eius amentiae noluit:
reliquit consulem,
quod profecto non fecisset,
si eum consulem iudicasset,
quem nihil aliud agere
nihil moliri
nisi caedem civium
atque interitum civitatis
videret.

Caesar, -is: C. Caesar, gemeint ist Octavianus, der den Namen von seinem Adoptivvater Caesar übernommen hatte

6 **suscipere, suscipio, suscepi, susceptum** h.: übernehmen — **commendare**: anvertrauen, den Auftrag erhalten

12 **silere, sileo, silui** (*silentium*): schweigen

15 **amentia, -ae**: Raserei, Wahnsinn

21 ® *caedem civium*: Gen. obi.

24 **interitus, -us** (*interire*): Untergang

Aufgaben zur Interpretation

1. Vergleichen Sie die beiden Textausschnitte hinsichtlich des Satzbaues!
2. Untersuchen Sie — bei insgesamt thematischer Gleichheit — die unterschiedliche Akzentsetzung bei den Einzelaspekten!

Vor dem Volk: Phil. IV, 4:

(1) Cuius de laudibus et honoribus,
qui ei pro divinis et immortalibus meritis
divini immortalesque debentur,
mihi senatus assensus paulo ante decrevit,
ut primo quoque tempore referretur.

(2) Quo decreto quis non perspicit
hostem esse Antonium iudicatum?

(3) Quem enim possumus appellare eum,
contra quem
qui exercitus ducunt,
eis senatus arbitratur singularis exquirendos honores?

(4) Quid?

(5) Legio Martia,
quae mihi videtur divinitus ab eo deo traxisse nomen,
a quo populum Romanum generatum accepimus,
non ipsa suis decretis prius
quam senatus hostem iudicavit Antonium?

(6) Nam si ille non hostis,
hos,
qui consulem reliquerunt,
hostes necesse est iudicemus.

---

cuius: bezieht sich auf C. Caesar, also auf Octavian — **de laudibus et honoribus**: was das Lob ... betrifft

3 **mihi**: auf meinen Antrag — **adsensus** (*adsentiri/assentiri*) ↗SW — **primo quoque tempore**: so bald als möglich — **referre**: vortragen, h.: über etwas beraten

6 **quem**: Übersetzen Sie prädikativ!

9 Ⓚ *contra quem qui ... senatus arbitratur*: Lösen Sie die Verschränkung auf: „bei dem der Senat glaubt, dass er für diejenigen, die gegen diesen ihre Heere führen, ...“

3. Vergleichen Sie die Darstellung Octavians vor dem Volk und vor dem Senat und suchen Sie nach einer Begründung!
4. Warum bringt die Volksrede den römischen Gründungsmythos ins Spiel?

2. Selbstzeugnisse Ciceros zu Senats- und Volksreden

T 1 Rede ist nicht gleich Rede!

Quamquam id quidem perspicuum est non omni causae nec auditori neque personae neque tempori congruere orationis unum genus; nam et causae capitis alium quendam verborum sonum requirunt, alium rerum privatarum atque parvarum et aliud dicendi genus deliberationes, aliud laudationes [...]. Refert etiam, qui audiant, senatus an populus an iudices: frequentes an pauci an singuli et quales.

(De oratore II, 210f.)

T 2 Wunderbare Wirkung und Macht des Redners

Quid enim est aut tam admirabile quam ex infinita multitudine hominum existere unum, qui id, quod omnibus natura sit datum, vel solus vel cum perpaucis facere possit? [...] aut tam potens tamque magnificum quam populi motus, iudicum religiones, senatus gravitatem unius oratione converti?

(De oratore I, 31)

T 3 Übertreibung mit Maß ist die Kunst des Redners!

Orator autem omnia haec, quae putantur in communi vitae consuetudine mala ac molesta et fugienda, multo maiora et acerbiora verbis facit; itemque ea, quae vulgo expetenda atque optabilia videntur, dicendo amplificat atque ornat; neque vult ita sapiens inter stultos videri, ut ei, qui audiant, aut illum ineptum et Graeculum putent, aut, etiam si valde probent ingenium, oratoris sapientiam admirentur, se esse stultos moleste ferant.

(De oratore I, 221)

T 1 **perspicuus, -a, -um** (*perspicere*): durchsichtig, deutlich, offenbar — **auditor, -oris** (*audire*): Zuhörer — **congruere, congruo, congrui**: übereinstimmen, passen (> *Kongruenz*)

3 **causa capitis**: Prozess auf Leben und Tod — **sonus, -i**: Ton, Klang, Stimme, Rede, Redeweise — **requirere, requiro, requisivi, requisitum** h.: erfordern — **deliberatio, -onis** (*deliberare*): beratende, politische Rede — **laudatio, -onis** (*laudare*): Lobrede, Festrede

T 2 **admirabilis, -e** (*admirari*): bewundernswert

9 **perpauci, -ae, -a**: sehr wenige

T 3 **acerbus, -a, -um**: bitter, herb, finster, hart, schmerzlich — **vulgo** *Adv.*: allgemein — **optabilis, -e** (*optare*): wünschenswert

15 **amplificare** (*amplus+facere*): vergrößern — **ineptus, -a, -um** (*aptus*): albern, töricht, von schlechtem Geschmack — **Graeculus, -i**: in abschätziger Bedeutung: „Griechlein“, Theoretiker, eitler Kerl

18 **moleste ferre**: ungehalten sein, ärgerlich sein

T 4

Sed aliud quiddam, longe aliud [...] quaerimus: acuto homine nobis opus est et natura usuque callido, qui sagaciter pervestiget, quid sui cives eique homines, quibus aliquid dicendo persuadere velit, cogitent, sentiant, opinentur, exspectent.

(De oratore I, 223)

T 5

Atque haec [sc. suadere et dissuadere] in senatu minore apparatu agenda sunt; sapiens enim est consilium multisque aliis dicendi relinquendus locus. Vitanda etiam ingenii ostentationis suspicio. Contio capit omnem vim orationis et gravitatem et varietatem desiderat.

(De oratore II, 333)

T 6

Fit autem, ut, quia maxima quasi oratoris scaena videatur contio esse, natura ipsa ad ornatius dicendi genus excitemur; habet enim multitudo vim quandam talem, ut, quemadmodum tibicen sine tibiis canere, sic orator sine multitudine audiente eloquens esse non possit.

(De oratore II, 338)

T 7

Id enim ipsum est summi oratoris summum oratorem populo videri.

(Brutus 186)

T 4 **acutus, -a, -um**: scharfsinnig, gewitzt, treffend — **mihi opus est** *m. Abl.*: ich habe nötig, brauche — **usus, -us** h.: Praxis — **callidus, -a, -um**: schlau, bewandert, raffiniert — **sagaciter** *Adv.*: scharfsinnig, klug, schlau — **pervestigare**: genau erforschen

T 5

6 **consilium, -i** h.: Rat, Ratsversammlung — **ostentatio, -onis** (*ostendere*): Zurschaustellung — **capere** h.: erfordern — **gravitas,- atis**: Gewalt, Erhabenheit, Würde des Redners — **varietas, -atis**: Abwechslungsreichtum

T 6

9 **scaena, -ae**: Bühne — **tibicen, -inis**: Flötenbläser — **tibiae, -arum**: Flöte

Aufgaben zur Interpretation

1. Finden Sie zu den Textausschnitten auf dieser Seite passende Überschriften!
2. Worin erkennen sie das Ziel politischer Rhetorik bei Cicero?
3. Stellen Sie die Ergebnisse als Liste schlagwortartig zusammen und bewerten Sie diese Aussagen!

Information

Ciceros Schrift *De oratore,* geschrieben 55 v. Chr., behandelt die Redeteile und vertritt die Forderung nach einem allseits gebildeten Redner.
Die rhetorische Schrift *Brutus*, geschrieben 46 v. Chr., enthält eine Geschichte der Rhetorik.

3. Ziele und Technik politischer Rhetorik im Vergleich

Propaganda und Menschenverachtung gegen Freiheit und Menschenwürde: Auszüge aus Texten von Hitler und Churchill

T 1 **a) Adolf Hitler, Mein Kampf, S. 527:**

Der Redner kann meinetwegen das gleiche Thema behandeln, wie das Buch, er wird doch, wenn er ein großer und genialer Volksredner ist, denselben Vorwurf und denselben Stoff kaum zweimal in gleicher Form wiederholen. Er wird sich von der breiten Masse immer so tragen lassen, dass ihm daraus gefühlsmäßig gerade die Worte flüssig werden, die er braucht, um seinen jeweiligen Zuhörern zu Herzen zu sprechen. Irrt er sich aber noch so leise, so hat er die lebendige Korrektur stets vor sich. Wie schon oben gesagt, vermag er dem Mienenspiel seiner Zuhörer abzulesen, ob sie erstens verstehen, was er spricht, ob sie zweitens dem Gesamten zu folgen vermögen und inwieweit er sie drittens von der Richtigkeit des Vorgebrachten überzeugt hat. Sieht er — erstens —, dass sie ihn nicht verstehen, so wird er in seiner Erklärung so primitiv und deutlich werden, dass selbst der Letzte ihn begreifen muss; fühlt er — zweitens —, dass sie ihm nicht zu folgen vermögen, so wird er so vorsichtig und langsam seine Gedanken ausbauen, bis selbst der Schwächste unter allen nicht mehr zurückbleibt, und er wird — drittens —, sowie er ahnt, dass sie von der Richtigkeit des Vorgebrachten nicht überzeugt zu sein scheinen, dieses so oft und in immer wieder neuen Beispielen wiederholen, ihre Einwände, die er unausgesprochen spürt, selbst vorbringen und so lange widerlegen und zersplittern, bis endlich selbst die letzte Gruppe einer Opposition schon durch ihre Haltung und ihr Mienenspiel ihn die Kapitulation vor seiner Beweisführung erkennen lässt.

Adolf Hitler als Redner auf dem Reichsparteitag der NSDAP im Jahre 1934 in Nürnberg. Hitler gelang es, nicht zuletzt durch die gezielte Nutzung des neuen Mediums Rundfunk, seine radikalen politischen Überzeugungen und rassistischen Ideen so geschickt zu verbreiten, dass viele der rhetorischen Wirkung und den publikumswirksam inszenierten Auftritten unkritisch erlagen. Die oft mitreißende Unbedingtheit seines rhetorischen Wollens, der Fanatismus seiner Auftritte, die manchmal bis zur körperlichen Erschöpfung führten, die psychologisch geschickte Regie der Versammlungen, vor denen er sprach, dürfen nicht über die menschenverachtenden Inhalte seiner Reden hinwegtäuschen.

T 2 S. 534:

Denn die Rede eines Staatsmannes zu seinem Volk habe ich nicht zu messen nach dem Eindruck, den sie bei einem Universitätsprofessor hinterlässt, sondern an der Wirkung, die sie auf das Volk ausübt. Und dies allein gibt auch den Maßstab für die Genialität des Redners.

T 3 S. 198:

Je bescheidener dann ihr ⟨der Rede⟩ wissenschaftlicher Ballast ist, und je mehr sie ausschließlich auf das Fühlen der Masse Rücksicht nimmt, umso durchschlagender der Erfolg. Dieser aber ist der beste Beweis für die Richtigkeit oder Unrichtigkeit einer Propaganda und nicht die gelungene Befriedigung einiger Gelehrter oder ästhetischer Jünglinge. Die Aufnahmefähigkeit der großen Masse ist nur sehr beschränkt, das Verständnis klein, dafür jedoch die Vergesslichkeit groß. Aus diesen Tatsachen heraus hat sich jede wirkungsvolle Propaganda auf nur sehr wenige Punkte zu beschränken und diese schlagwortartig so lange zu verwerten, bis auch bestimmt der Letzte unter einem solchen Worte das Gewollte sich vorzustellen vermag.

T 4 Rede vor den Vertretern der deutschen Presse in München am 10. 11. 1938
(Auszüge)

Es spielt daher auch gar keine Rolle, ob eine solche Entscheidung letzten Endes ganz richtig ist, das ist gänzlich uninteressant; entscheidend ist, dass hinter eine solche Entschließung die ganze Nation wie eine geschlossene Truppe tritt. Das muss eine Front sein, und was dann an der Entscheidung nicht ganz richtig ist, wird gutgemacht durch die Entschlossenheit, mit der die ganze Nation dahinter steht.

Das ist wichtig in den kommenden Jahren, meine Herren! Nur so werden wir das Volk, ich möchte sagen, von seinem Zweifel befreien, der das Volk nur unglücklich macht. Die breite Masse will ja gar nicht damit belastet werden. Die breite Masse hat einen einzigen Wunsch: dass sie gut geführt wird, und dass sie der Führung vertrauen kann, und dass die Führung selber nicht streitet, sondern dass diese Führung geschlossen vor sie hintritt. [...]

Dazu müssen wir unser ganzes Volk erziehen. Es muss erzogen werden zu dem absoluten, sturen, selbstverständlichen, zuversichtlichen Glauben: Am Ende werden wir alles das erreichen, was notwendig ist. Das kann man nur dadurch schaffen, das kann nur gelingen durch einen fortgesetzten Appell an die Kraft der Nation, durch das Hervorkehren der positiven Werte eines Volkes und durch das möglichste Außerachtlassen der sogenannten negativen Seiten.

Aufgaben zur Interpretation

1. Suchen Sie in den Texten die Aussagen zu den Zielen politischer Rhetorik, stellen Sie diese schlagwortartig zusammen und vergleichen Sie die Liste mit den Ergebnissen Ihrer Arbeit zu Ciceros Selbstzeugnissen (S. 41, Frage 3)!
2. Welche Erklärung finden Sie für das Ergebnis?
3. Inwiefern sind die Aussagen Hitlers radikaler und ausschließlicher als Ciceros Überlegungen? Versuchen Sie eine Begründung dafür zu geben!

b) Winston Churchill

T 5 Antrittsrede als Premierminister im Unterhaus am 13. Mai 1940: Redeschluss der unter dem Schlagwort „blood, sweat and tears“ berühmt gewordenen Rede

I would say to the House, as I said to those who have joined this government: „I have nothing to offer but blood, toil, tears and sweat.“ We have before us an ordeal of the most grievous kind. We have before us many, many long months of struggle and of suffering. You ask, what is our policy? I can say: It is to wage war, by sea, land and air, with all our might and with all the strength that God can given us; to wage war against a monstrous tyranny, never surpassed in the dark, lamentable catalogue of human crime. That ist our policy. You ask, what is our aim? I can answer in one word: It is victory, victory at all costs, victory in spite of all terror, victory, however long and hard the road may be; for without victory, there is no survival. Let that be *realised*. No survival for the British Empire, no survival for all that the British Empire has stood for, no survival for the urge, the impulse of the ages, that mankind will move forward towards its goal. But I take up my task in buoyancy and hope. I feel sure that our cause will not be suffered to fail among men. At this time I feel entitled to claim the aid of all, and I say, „come then, let us go forward together with our united strength.“

T 6 Rede im Unterhaus und anschließend im Rundfunk am 18. Juni 1940 „Ihr herrlichster Augenblick“

If we stand up to him (Hitler), all Europe may be free and the life of the world may move forward into broad, sunlit uplands. But if we fail, then the whole world, including the United States, including all that we have known and cared for, will sink into the abyss of a new Dark Age made more sinister, and perhaps more protracted, by the lights of perverted science.

T 7 Rundfunkansprache am 11. September 1940 „Jeder Mann an seinen Posten“

What he (Hitler) has done is to kindle a fire in British hearts, here and all over the world, wich will glow long after all traces of the conflagration he has caused in London have been removed. He has lighted a fire which will burn with a steady and consuming flame until the last vestiges of Nazi tyranny have been burnt out of Europe, and until the Old World – and the New – can join hands to rebuild the temples of man’s freedom and man’s honor, upon foundation which will not soon or easily be overthrown. [...]

T 8 Rundfunkansprache am 21. Oktober 1940 „An das französische Volk“

For the morning will come. Brightly will it shine on the brave and true, kindly upon all who suffer for the cause, glorious upon the tombs of heroes. Thus will shine the dawn.

Aufgaben zur Interpretation

1. Beschreiben Sie die rhetorischen Elemente und Methoden, mit denen W. Churchill — in einer ähnlich verzweifelten Lage des Staates, wie Cicero sie für seine Zeit erkannte — seinen unbedingten Widerstandswillen gegen Hitler formuliert und seine Landsleute von der Pflicht zum Widerstand trotz aller zu erwartenden Opfer überzeugen will.
2. Welche Topoi, die für die Rhetorik in krisenhaften Situationen typisch zu sein scheinen — C. Wooten spricht von „rhetoric of crisis“[1] —, können Sie bei Cicero wie auch bei Churchill erkennen?
3. Wo zwischen den Extremen Hitler und Churchill ist Ciceros Position anzusiedeln?
4. Welche Schlussfolgerung müssen wir aus der Erkenntnis ziehen, dass rhetorische Mittel für jeden Zweck eingesetzt werden können?
5. Worin liegt also der einzige Maßstab zur Bewertung einer Rede?
6. Welchen Gewinn bringt es dann, sich mit den rhetorischen Mitteln detailliert auseinander zu setzen?

---

[1] Cecil W. Wooten. Cicero's Philippics and Their Demosthenic Model. The Retoric of Crisis. Chapel Hill. London 1983. S. 171

Information

Winston Churchill, 1874–1965, englischer Politiker und Schriftsteller, Minister in verschiedenen Funktionen im 1. Weltkrieg, auch für den militärischen Bereich zuständig; warnt von Anfang an vor Hitler im Gegensatz zum englischen Premierminister Chamberlain; wird nach dessen Rücktritt, der durch die Westoffensive der deutschen Armee am 10. Mai 1940 begründet war (Missachtung der Neutralität von Belgien und Holland!), selbst zum Premierminister berufen. Zum Zeitpunkt des ersten Redetextes (T 5) bewegten sich die deutschen Panzerverbände auf Dünkirchen zu, wo englische Truppen stationiert waren, die später, von den deutschen Verbänden eingeschlossen, evakuiert werden konnten. Man bezeichnete die Tatsache, dass Hitler nicht die Vernichtung der eingeschlossenen Armee befahl, als „Wunder von Dünkirchen“. Die Historiker sehen darin die Voraussetzung für den erfolgreichen englischen Widerstand gegen die Aggression des 3. Reiches.

links: Sir Winston Churchill spricht auf einer Tagung der Konservativen Partei in der Empress Hall, Earls Court, 14. 10. 1949; *rechts:* Sir Winston Churchill als Redner bei einer Massenveranstaltung in der Royal Albert Hall, 27. 5. 1954

4. Antike Rhetorik

4.1 Kurze Geschichte der Rhetorik

Rhetorische Mittel werden von jedem Sprecher selbstverständlich und unreflektiert verwendet, wenn er überzeugend argumentiert. Ein System dieser Mittel und Techniken sowie eine regelrechte Argumentationslehre findet sich aber zum ersten Mal ausgeprägt in der sog. Sophistik in Athen (5. Jh. v. Chr.). Die Demokratie in der Polis und die Notwendigkeit, eigene Interessen als Vollbürger vor Gericht zu vertreten, machten eine wirkungsvolle Darstellung der eigenen Meinung interessant. Die forensische Rhetorik entstand, und es waren die Lehrer der Weisheit (Sophisten), welche die Vermittlung dieser Fähigkeit versprachen. Das erklärte Ziel war es, „die schwächere Sache zur stärkeren zu machen", also durch geschickten Vortrag der Argumente oder auch Scheinargumente einen Gegner verbal in die Enge zu treiben, Richter für sich einzunehmen und in den politischen Versammlungen die Massen zu überzeugen. Von Anfang an ist die Rhetorik durch ihre Praxis definiert. Sie stellt die technisch-formalen und geistig-ordnenden Mittel bereit, ist also an sich wertfrei.
Der berühmteste Rhetor der Griechen war Demosthenes, der sich im 4. Jh. v. Chr. gegen die drohende Vorherrschaft der Makedonen in Griechenland zur Wehr setzte. Mit ihm trat auf römischer Seite ca. 300 Jahre später Cicero in Wettstreit, auch er an einem Umbruch der Zeiten.
Cicero wiederum sammelt wie ein Brennglas die griechische Tradition der Rhetorik (und Philosophie) und leitet die Strahlen gebündelt in das europäische Mittelalter und damit in die europäische Geistesgeschichte. Nach dem Ende der römischen Republik und mit dem Beginn der Kaiserzeit hatte die römische Redekunst ihren Höhepunkt überschritten; denn forensische Rhetorik bedarf der Möglichkeit freier Meinungsäußerung und einer politischen Szene ohne Unterdrückungsmechanismen. Im Gerichtssaal war Rhetorik weiterhin gefragt, sofern es sich nicht um Prozesse mit politischen Aspekten handelte, in denen oft der Kaiser das letzte Wort sprach. Hingegen blühte zu Trainingszwecken die epideiktische Rhetorik. Auch der Kaiser freute sich über eine Lobrede (*Panegyrik*) zu festlichen Anlässen.
Somit hatte sich die Schule der Rhetorik bemächtigt, und diese wurde zur grundlegenden Lehre eines überlegten und bewussten Sprachgebrauches in jeder Situation. Diese Tradition ist in der schulischen Bildung in Europa nicht mehr abgerissen und hält bis heute an.
Seit der griechischen Zeit bereits hat eine Rede zumindest den Aufbau, den wir von unseren Deutschaufsätzen kennen: Einleitung — Hauptteil — Schluss.

Die Gerichtsreden verlangen aber noch zusätzliche Teilstücke:

a) das ***exordium***: Einleitung, Hinführung zum Thema der Rede und Versuch, die Zuhörer für das Gesagte aufnahmebereit zu stimmen (*conciliare*)
b) die ***narratio***: Darstellung des Sachverhaltes, die aber nicht immer ganz „sachlich“ sein musste (*docere, probare*)
c) die ***propositio***: Festlegung der alternativen Standpunkte
d) die ***argumentatio***: Beweisführung für die eigene Partei (***confirmatio***) und Widerlegung gegnerischer Einwände (***refutatio***), in einer der eigenen Sache dienlichen Gewichtung und Anordnung sowie mit sprachlichen Effekten (*docere et delectare*)
e) die ***peroratio*** oder ***conclusio***: Schluss, Zusammenfassung der Argumente, ohne aber sachlich zu argumentieren, Erregung von Affekten, d.h. von Empörung, Mitleid, Begeisterung, durch pathetische Übersteigerung, Anrufung von Göttern, Appell an nationale Werte und heilige Überzeugungen (*commovere, perturbare, flectere*)

Rhetorisch am auffälligsten und glanzvollsten werden, wie auch bei der Philippischen Rede zu erkennen, die Einleitung und der Schluss gestaltet. Auch die Alternativ-Frage der Bewertung des Antonius ist rhetorisch markant hervorgehoben. Auffällig ist in dieser Rede, dass Cicero weniger gedanklich anspruchsvolle Mittel verwendet, wie Ironie oder stark hypotaktische Strukturen komplizierter Beweisgänge, sondern dass er vor dem Volk demagogisch knapp, mit vielen sprachlich-formalen Mitteln, die den äußeren Sinnen schmeicheln, arbeitet und Antithese und Schwarzweiß-Zeichnung bevorzugt.

Bild eines römischen Rhetors mit rotem Mantel und Lorbeerkranz auf dem Haupt, in Redepose; Seite eines rhetorischen Textes aus Norditalien, 7.–8. Jh. n. Chr. (Handschrift Nr. 912 im Kloster St. Gallen/Schweiz). Eine Ausbildung in Rhetorik wurde im Mittelalter für die Predigt benötigt. Man legte Wert auf die Formulierung (*elocutio*), die Verständlichkeit (*perspicuitas*) und die sprachliche Schönheit (*ornatus*). Vorbilder für die Rhetorik des Mittelalters waren Cicero und andere römische Prosaautoren und Dichter.

4.2 Aufgaben des Redners (*officia oratoris*)

Die Theorie lehrt nicht nur, wie man eine Rede einzuteilen hat, sondern auch, welche Arbeitsschritte bis zur Erstellung einer Rede zu vollziehen sind. Die ersten drei im Folgenden beschriebenen Schritte entsprechen heute noch dem Arbeitsverfahren bei einem Erörterungsthema im Fach Deutsch:

a) ***inventio***: Materialsammlung, ungeordnete Auflistung von Argumenten und Fakten

b) ***dispositio***: Ordnung des Materials in verschiedene Argumentationsgänge, Anordnung und dadurch Gewichtung der einzelnen Aspekte

c) ***elocutio***: Ausformulierung des Textes; je nach Anlass der Rede wählte man ein entsprechendes Stilniveau:

das **genus subtile**:	schlichter Stil, z. B. in der *narratio*
das **genus medium** oder **mixtum**:	mittlerer Stil, z. B. in der *argumentatio*
das **genus sublime** oder **grande**:	erhabener Stil, z. B. in der *peroratio*

Zur *elocutio* gehören auch die Stilqualitäten (**virtutes dicendi**):

Latinitas: (bzw. *puritas*) Sprachrichtigkeit, Vermeidung von allzu vielen griechischen Fremdwörtern

perspicuitas: Deutlichkeit des Ausdruckes

aptum: Angemessenheit der Darstellung

ornatus: Schmuck der Rede durch rhetorische Mittel

brevitas: Kürze und Präzision der Ausführungen

d) ***memoria***: Auswendiglernen der Rede, zumindest der wesentlichen Punkte und des Aufbaues, Vortrag ohne ausgearbeitetes Konzept

e) ***actio***: Vortrag der Rede, „schauspielerhafter“ Auftritt

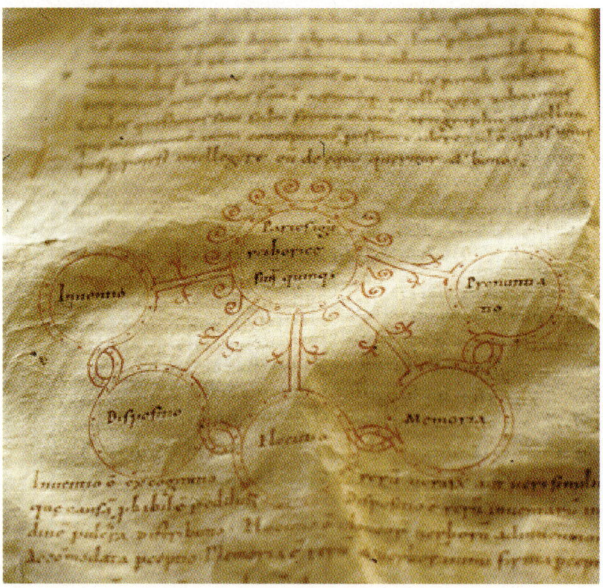

Seite einer Handschrift von Ciceros Werk *De inventione* mit Illustration zum System der Rhetorik, 10. Jh. n. Chr. (Handschrift Nr. 820 aus dem Kloster St. Gallen, Schweiz). Das graphische Schema zeigt die fünf Teile der Redekunst: *„Partes igitur rhetorice sunt quinque: Inventio, Dispositio, Elocutio, Memoria, Pronuntiatio.“*

4.3 Redeanlässe und Arten der Rede in der römischen Antike

Redeanlass	genera dicendi			
1. Politische Rede (Staatsrede) a) Rede vor dem Senat *(sententiam dicere)* b) Rede vor dem Volk *(contionem habere)*	**genus deliberativum** **FORENSISCHE RHETORIK** (beratend, vor Gericht)	**Ziel:**	***persuadere***	**utilitas causae**
		Mittel:	*(officia oratoris)* a) *probare, docere* b) *conciliare* *(delectare)*	↑ Sachargumente ↑ Schmuck
2. Gerichtsrede (als *patronus*, privat oder politisch) a) Anklage (*delator*) b) Verteidigung (*patronus*)	**genus iudiciale**		c) *commovere* *perturbare* *flectere*	↑ Affekte
		Zuhörer:	Beurteiler und Richter der Sache	
3. Gelegenheitsrede (Fest- und Prunkrede) a) Leichenrede *(laudatio funebris)* b) Feldherrenrede *(allocutio imperatoris)* c) Rüge des Zensors *(nota censoria)* d) Vortrag *(declamatio)* e) Lobrede, meist auf den Kaiser *(panegyricus)*	**genus demonstrativum** **EPIDEIKTISCHE RHETORIK** (Fest-, Prunk-, Lob-Reden)	**Ziel:**	***delectatio, voluptas***	
		Mittel:	sprachlich-rhetorische Gestaltung: *ornatus*, Figuren, Tropen	
		Zuhörer:	Betrachter der Kunst des Redners	

5. Ergänzende Texte zur Rhetorik

T 1 Quintilian, 1. Jh. n. Chr.: Die sittliche Grundlage der echten Redekunst

Für uns soll also der Redner, den wir heranbilden wollen, von der Art sein, wie ihn Marcus Cato definiert: „ein Ehrenmann, der reden kann“ (*vir bonus dicendi peritus*) — unbedingt jedoch das, was in Catos Definition am Anfang steht und auch seinem Wesen nach das Wichtigere und Größere ist: ein Ehrenmann. Und dies nicht nur deshalb, weil es, wenn die Redegewalt unseren Redner zum Schlechten ausrüstete, nichts Verderblicheres für die Interessen der Gemeinschaft und des Einzelnen gäbe als die Beredsamkeit, und wir selbst, die wir, was Menschenkraft vermag, für die Redegabe zu leisten versucht haben, den Interessen der menschlichen Gesellschaft die schlechtesten Dienste erwiesen, wenn wir unsere Waffen für einen Räuber schmiedeten und nicht für einen Soldaten. Doch warum von uns reden? Würde ja die Natur selbst mit der Gabe, die sie doch offenbar vor allem dem Menschen verliehen und womit sie uns von den anderen Lebewesen geschieden hat, nicht als Mutter, sondern als Stiefmutter gehandelt haben, wenn sie wirklich die Redegabe als Helfershelferin bei Verbrechen als Gegnerin der Unschuld und Feindin der Wahrheit erfunden hat. Denn stumm geboren zu werden und alle Vernunft zu entbehren wäre besser gewesen, als die Gaben der Vorsehung zum Verderben gegeneinander zu kehren. Weiter noch geht, was ich mit dieser Feststellung meine: ich sage nämlich nicht nur, dass, wer ein Redner ist, ein Ehrenmann sein muss, sondern dass auch nur ein Ehrenmann überhaupt ein Redner werden kann. Denn gewiss würde man doch Menschen, die, wenn ihnen der Weg zur Ehre und zur Schande freistünde, den schlechteren Weg einschlagen wollten, weder Verstand zuerkennen noch Klugheit, wenn sie so oft gegen die schwersten Strafen der Gesetze, in jedem Fall jedoch gegen die Folter des schlechten Gewissens sich einem unabsehbaren Geschick aussetzten. Wenn aber niemand schlecht sein kann, ohne zugleich töricht zu sein, wie es nicht nur die Philosophen lehren, sondern auch immer die Überzeugung des Volkes war, so wird gewiss niemals ein Tor ein Redner werden. Hinzu kommt, dass selbst die Hingabe an die herrlichste aller Studienaufgaben nur ein von allen Lastern freier Geist aufzubringen vermag; zunächst schon deshalb, weil es in derselben Brust das Zusammenwirken von Gutem und Schändlichem nicht gibt und derselbe Geist so wenig gleichzeitig das Beste und Schlechteste zu ersinnen vermag, wie derselbe Mensch zugleich gut und schlecht sein kann; sodann auch aus dem Grunde, weil das Denken, das auf eine so große Aufgabe gerichtet ist, von allen, selbst den nicht mit einer Schuldfrage verbundenen Sorgen frei sein muss. Denn so nur wird es frei und ausschließlich, ohne durch irgendeinen Anlass zerstreut und auf anderes abgelenkt zu werden, nur das Ziel im Auge behalten, dem es zustrebt.

Aufgaben zur Interpretation

1. Inwiefern schätzt Quintilian den Stellenwert der Rhetorik richtig ein?
2. Welche Vorstellungen und Hoffnungen Quintilians muss man aus späterer Sicht als illusorisch und naiv bewerten?

T 2 Blaise Pascal (1623–1662): Die Kunst zu überzeugen

Daraus geht klar hervor, dass man, wovon immer man jemand überzeugen will, auf den Menschen Rücksicht zu nehmen hat, den man überzeugen will. Man muss seinen Geist und sein Herz kennen und wissen, welchen Grundsätzen er zustimmt und welche Dinge er liebt, und bei der Sache, um die es sich handelt, muss man dann beachten, wie sie sich zu den Grundsätzen, die er anerkennt, verhält, oder zu den verlockenden Dingen durch den Reiz, den man ihnen verleiht, so dass die Kunst, zu überzeugen, ebenso darin besteht, zu gefallen, wie darin, die Wahrheit sichtbar zu machen: so sehr lassen sich die Menschen von der Laune und von ihr mehr als von der Vernunft bestimmen.

Fragen zur Interpretation

1. Wonach muss sich ein Redner richten, wenn er Erfolg bei seinen Bemühungen haben will?
2. Warum sind die Zuhörer oft wichtiger als die Sache, die der Redner zu vertreten hat?

T 3 Johann Christoph Gottsched (1700–1766): Ausführliche Redekunst, erster allgemeiner Teil

Zweck der Redekunst

Das ganze Hauptwerk [...] der Beredsamkeit ist der Zweck derselben; nämlich die Überredung. Auf diese muss die ganze Bemühung des Redners abzielen; diese muss er zu erreichen im Stande sein, wenn er diesen Namen mit Recht führen will. Sie schließt die Bewegung der Gemüter mit in sich, weil diese oft ein notwendiges Mittel ist, jene zu erlangen. Ein Redner ist also nicht zufrieden, wenn man ihn gern höret, wenn man seine schöne Schreibart lobet, seine hübschen Gedanken und sinnreichen Ausdrücke erhebet. Er geht viel weiter und fordert ungleich mehr von seinen Zuhörern. Man soll ihm in seinem Vortrage auch vollkommen beipflichten; man soll mit ihm einerlei Meinung annehmen; man soll das für wahr und für falsch halten, was er dafür hält; man soll endlich lieben und hassen, zürnen und beneiden, frohlocken und trauern, hoffen und fürchten, suchen und fliehen, ja tun und lassen, was und wie es ihm gefällt; wenn, und wo, und wie es ihm nur gut dünket. Wer diese Absichten nicht hat, wenn er redet, oder auch die gehörigen Mittel dazu nicht in seiner Gewalt hat, der rühmet sich umsonst einer wahren Beredsamkeit.

Aufgaben zur Interpretation

1. Wie beschreibt Gottsched das Verhältnis von Redner und Hörer?
2. Auf welcher Ebene sind die Zuhörer zu gewinnen? Welchen Zustand seiner Hörer muss ein Redner anstreben?

T 4 Friedrich Nietzsche (1844–1900): Rhetorik

§ 1. Begriff der Rhetorik

Sodann ist es eine wesentlich republikanische Kunst: man muss gewohnt sein, die fremdesten Meinungen und Ansichten zu ertragen und sogar ein gewisses Vergnügen an ihrem Widerspiel empfinden: man muss ebenso gerne zuhören als selbst sprechen, man muss als Zuhörer ungefähr die aufgewandte Kunst würdigen können. Die Bildung des antiken Menschen kulminiert gewöhnlich in der Rhetorik: es ist die höchste geistige Betätigung des gebildeten politischen Menschen — ein für uns sehr befremdlicher Gedanke!

Fragen zur Interpretation

1. Welches Grundverständnis setzt der Umgang mit Rhetorik voraus?
2. Welche Voraussetzungen muss ein Zuhörer mitbringen, um eine Rede würdigen zu können?

T 5 Franz Josef Strauß, „Anti-Rhetorik“:

Ich bin der geborene Anti-Rhetor. Erstens rede ich nie kurz, zweitens bilde ich lange Sätze, drittens verwende ich viele Fremdwörter und fremdsprachige Zitate. Aber alle drei Dinge zusammengenommen führen offensichtlich zu einer rhetorischen Wirkung, über die ich mich, was Größe und Ausdauer meines Publikums angeht, nie zu beklagen habe.

Nach Meinung meiner Kritiker rede ich deutsch, als ob ich versuchte, das Latein Ciceros auf Deutsch zu bieten.

[...] Meiner Meinung nach ⟨gebietet⟩ die Höflichkeit gegenüber den Bürgern, sie nicht, wenn sie zu Tausenden und von weither kommen, in wenigen Minuten mit ein paar Schlagworten abzuspeisen. [...]

Zur erfolgreichen Rhetorik gehört, nie den Kontakt zu den Zuhörern, seien es einige hundert oder viele tausend, zu verlieren. Die Augen sind dafür das wichtigste Instrument. Wenn ich mich in ein Redemanuskript verliere, geht der Kontakt verloren, was ich sofort merke — es ist, als würde der Strom abgeschaltet. Selbstverständlich kann ein Politiker nicht immer frei sprechen, er muss sich erarbeiteter Vorlagen bedienen. Diese sollte man sich vorher aufmerksam zu Gemüte führen, wichtige Passagen einprägen und Stichworte so unterstreichen, dass sie mit einem Blick erfasst werden können.

Wichtig für den Redner ist der äußere Rahmen: dass der Saal in Ordnung ist, dass die Akustik stimmt und dass es kein Kommen und Gehen gibt. Die Tech-

nik muss funktionieren, schlecht eingestellte Lautsprecher können eine ganze Rede kaputtmachen. Es ist besser, in einem kleinen Raum zu sprechen, der überfüllt, als in einem großen, der halb leer ist. Zwischenrufe sind für mich ein belebendes Element, sie geben die Chance zu spontaner Antwort und können, geschickt gekontert, das Publikum erwärmen und erheitern. [...] Ein Publikum, das lacht, steht schon weitgehend auf der Seite des Redners. [...]
Sarkasmus und Ironie sind im Übrigen Mittel, die behutsam und vorsichtig einzusetzen sind. Man kann kaum vorsichtig genug sein, will man nicht Missverständnissen Tür und Tor öffnen. Ich habe zu meinem Leidwesen oft erfahren, dass Ironie oftmals nicht verstanden wird. Die Kunst der Rede ist eine zeitlose Kunst. Die äußeren Bedingungen mögen sich ändern, die psychologischen Voraussetzungen einer erfolgreichen Rede bleiben gleich. Dies bedeutet auch, dass sich meiner Meinung nach die Redekunst nur bis zu einem gewissen Grad erlernen lässt. [...]
Zu den Fehlern, die ein Redner unbedingt vermeiden sollte, gehört das trockene Ablesen, das ängstliche Kleben am Wort, das Sich-Vergraben im Manuskript, das unverständliche Nuscheln. Zu langsames wie zu schnelles Sprechen hat seine Tücken; besteht beim einen die Gefahr einschläfernder Langeweile, kann beim anderen manche Pointe und mancher Witz verloren gehen.

Fragen zur Interpretation

1. Stellen Sie die Ratschläge zusammen, die Strauß gibt und die für jede Rede und jeden Redner gültig sind!
2. Erwägen Sie, ob sich für Ihre Redepraxis und Ihre Referate in der Schule Hinweise gewinnen lassen.

Franz Josef Strauß, Rede zum politischen Aschermittwoch am 12. 2. 1986 in Passau

T 6 Hermann Schlüter, Grundkurs der Rhetorik, 1974

Geschichte der Redekunst

⟨Die Rhetorik⟩ wird wohl nie wieder jene Macht und Bedeutung zurückgewinnen, die sie in ihrer Blütezeit, in der Zeit der griechischen und römischen Antike, genoss. Damals, aber auch noch im Mittelalter, ja bis ins Barockzeitalter hinein beruhten Bildung und beruflicher Erfolg des Mannes von Welt auf der rhetorischen Schulung. Jahrhundertelang war die Rhetorik die wichtigste der „artes liberales"; sie war jene „freie Kunst", die zur Ausbildung aller Juristen, Diplomaten, Politiker, Verwaltungsbeamten, ja sogar der Prediger gehörte. [...] In einer Zeit, als die Naturwissenschaften noch in den Anfängen steckten, wo Mathematik und Physik als brotlose Künste galten, wo Medizin allenfalls ein bürgerliches Auskommen garantierte, war die Rhetorik das Studium, da es den Weg zu höchsten Staatsämtern und zu politischer Macht öffnete. Vor allem in Krisenzeiten, wenn die politische Macht nicht mehr fest in den Händen eines Mannes oder einer Partei, sondern in den Händen aufgebrachter, verängstigter Volksmassen lag, standen dem geschickten Redner ungeahnte Möglichkeiten offen. Und er hatte, verglichen mit den Demagogen unserer Tage, ein verhältnismäßig leichtes Spiel, denn das allgemeine Bildungsniveau war niedrig, das kritische Vermögen der Menge gering. Dazu kam das ungestillte Schaubedürfnis von Menschen, für die es weder Illustrierte noch Film, ja kaum einmal echtes Theater gab. Auch die besonderen politischen Einrichtungen jener Zeit — Gerichtsentscheide durch eine große Zahl meist unerfahrener Schöffen, politische Entscheidungen im Direktverfahren — begünstigten das Geschäft des Redners.

Die Glanzzeiten der Redekunst waren meist Perioden innenpolitischer Machtkämpfe im Rahmen einer Verfassung, die die freie Meinungsäußerung garantierte. Die Geschichte der Rhetorik folgt daher der Geschichte der Republik. [...] Die Geschichte der griechischen und römischen Rhetorik beweist, dass immer, wenn die Republik wieder der Diktatur weichen musste, auch die Streitrede aus dem öffentlichen Leben verschwand. Mit der Redefreiheit war der Rhetorik ihr eigentliches Element genommen, und sie konnte nur noch in den Rednerschulen ein akademisches Schattendasein fristen.

[...] Freilich gab es auch unter der Diktatur eine öffentliche Rede. Sie hatte jedoch keinen dialektischen Charakter mehr, sie durfte sich nicht mehr mit strittigen Entscheidungen und schwebenden Fragen beschäftigen. Ihr fiel die Aufgabe zu, das Regime in ritueller Weise zu verherrlichen, seine Gegner verächtlich zu machen, gewisse staatserhaltende Werte einzuhämmern. In dieser Propaganda-, Schmuck- und Schaufunktion begegnet die Redekunst zu allen Zeiten, auch im privaten Bereich.

Fragen zur Interpretation

1. Beschreiben Sie die Rolle der Rhetorik in Antike und Mittelalter!
2. Welche unabdingbaren Voraussetzungen für Rhetorik in der Öffentlichkeit nennt Schlüter?
3. Wann und wodurch wird die Qualität und die Bedeutung der Rhetorik beeinträchtigt? Versuchen Sie dafür Beispiele aus der Geschichte zu finden!

Anhang II: Spracharbeit

A Spezialwortschatz (SW)

āctiō, -ōnis *(agere)*	Handlung, Tätigkeit
aerārium, -i *(aes)*	Staatskasse
āmentia, -ae *(a-mens)*	Wahnsinn
assentīrī, assentior, assēnsus sum	zustimmen
āvertere a *(vertere)*	abhalten, abwenden von, abwehren
capitālis, -e *(caput)*	lebensbedrohend
cruentus, -a, -um	blutig
cruor, -oris	Blut
dubitātiō, -ōnis *(dubitare)*	Zweifel
exitium, -i *(exire)*	Untergang, Ende
exquīsītus *(exquirere)*	ausgesucht
frequentia, -ae *(frequens)*	große Anzahl
generāre	erzeugen, zeugen
hērēditās, -ātis	Erbschaft
hodiernus, -a, -um *(hodie)*	heutig
in diciōnem alcs redigere	in die Gewalt von jemandem bringen
latrōcinium, -i *(latro)*	Raubzug
mihī rēs est cum aliquō/aliquā re	ich habe es zu tun mit jemandem/etwas
parricīda, -ae m.	Vatermörder, Mörder an Verwandten
paternus, -a, -um *(pater)*	väterlich
pestifer, -a, -um *(pestis — ferre)*	Verderben bringend
quamquam *(Einleitung eines Hauptsatzes)*	indes, jedoch, freilich
quid?	ferner, weiter
Quirītēs, -um	Bürger von Rom (die öffentliche Anrede des Volkes in Versammlungen)
satiāre *(satis)*	sättigen

B Syntax-Profil

1. Relativsätze

1.1 *als Attributsatz:*

Laudantur exquisitissimis verbis legiones,
quae te reliquerunt, **quae** a te arcessitae sunt,
quae essent,
si te consulem quam hostem maluisses, tuae. (6, 4—6)

Man lobt mit ausgesuchtesten Worten die Legionen,
die dich verlassen haben, die von dir herbeigeholt wurden,
die deine Legionen wären,
wenn du dich lieber als Konsul denn als Feind benommen hättest.

1.2 *mit Konjunktiv:*

Quis est enim,
qui hoc non *intellegat* ... (4, 1)

Wer ist es nämlich,
der dies nicht einsähe, ...
(konsekutiver Sinn)

1.3 *verschränkt mit AcI:*

Nihil praetermittam,
quod ad libertatem vestram *pertinere* arbitrabor. (12, 11f.)

Ich werde nichts unterlassen,
wovon ich meine, dass es zu eurer Freiheit beiträgt.

verschränkt mit Relativsatz und AcI:

Quem enim possumus appellare eum,
contra quem qui exercitus ducunt, eis senatus *arbitratur* singularis *exquirendos honores*? (4, 15—18)

Wie können wir nämlich denjenigen nennen, bei dem der Senat glaubt, dass er für diejenigen, die gegen diesen ihre Heere führen, einzigartige Ehrungen aussuchen müsse?

1.4 *Relativer Satzanschluss:*

Cuius de laudibus et honoribus ... (4, 8)
Quod ita futurum esse confido. (9, 2)

Was das Lob und die Ehrungen für diesen betrifft...
Dass dies geschehen wird, darauf vertraue ich.

2. Gliedsätze

2.1 *mit Indikativ*

a) *kausal:*

Nunc vero multo sum erectior, **quod** vos quoque illum hostem esse tanto consensu tantoque clamore approbavistis. (2, 1f.)	Nun aber bin ich viel zuversichtlicher, weil auch ihr mit so großer Zustimmung und so großem Geschrei meine Meinung gebilligt habt, dass jener ein Feind sei.

b) *konzessiv:*

Quamquam animus mihi quidem numquam defuit: tempora defuerunt. (1, 4)	Obwohl mir freilich der Mut niemals fehlte: Die zeitlichen Umstände ließen zu wünschen übrig.

c) *konditional:*

Si consul Antonius, Brutus hostis: **si** conservator rei publicae Brutus, hostis Antonius. (7, 11—13)	Wenn Antonius Konsul ist, ist Brutus der Feind: Wenn Brutus der Retter des Staates ist, ist Antonius der Feind.

d) *Komparativsätze:*

Ut imperatores instructa acie solent, ..., **sic** ego vos ... cohortabor. (9, 11—17)	Wie die Feldherren zu tun pflegen, wenn die Schlachtreihe steht, ... so will ich euch noch zusätzlich ermuntern.

2.2 *mit Konjunktiv*

a) *temporal:*

Cum servitute premeremur, ... (3, 9)	Als wir von Knechtschaft bedrängt wurden, ...
..., **dum** hic sit, ... (8, 13)	..., solange dieser lebt, ...

b) *kausal:*

Decrevit senatus D. Brutum optime de re publica mereri, **cum** senatus auctoritatem populique Romani libertatem imperiumque defenderet. (7, 17—21)	Der Senat hat beschlossen, dass sich D. Brutus um den Staat verdient machte, weil er das Ansehen des Senates und Freiheit und Macht des römischen Volkes verteidigte.

c) *final:*

Senatus ... decrevit, **ut** primo quoque tempore referretur. (4, 11—12)	Der Senat ... beschloss, dass möglichst bald darüber beraten werden sollte.
..., **ne** mediocrem rem actam arbitremini, ... (1, 7f.)	..., damit ihr nicht glaubt, dass es um eine Sache von nur mittelmäßiger Bedeutung gegangen sei, ...

d) *konsekutiv:*

Ita enim se recipiebat ..., **ut** nihil nisi de pernicie populi Romani cogitaret. (4, 2—5)	So nämlich gestaltete er seinen Rückzug ..., dass er nur noch das Verderben des römischen Volkes im Sinn hatte.

e) *konzessiv:*

..., **quamvis** impii nefariique sint, ... (8, 9)	..., wenn sie auch Frevler gegen Menschen und Götter sind, ...
Ille **cum** exercitum nullum habuisset, repente conflavit. (12, 4f.)	Obwohl jener keine Heer gehabt hatte, hat er in kürzester Zeit eines zusammengewürfelt.

3. **Infinitiv-Konstruktionen**

3.1 *als Objekt:*

Crudelitatem mortis et dedecus virtus **propulsare** *solet*. (10, 15f.)	Einen grausamen und schändlichen Tod pflegt mannhafte Haltung zu verhindern.

3.2 *als AcI:*

..., quod vos quoque **illum hostem esse** ... approbavistis. (2, 1f.)	..., weil auch ihr mit mir einer Meinung gewesen seid, dass jener der Feind ist.

3.3 *als NcI:*

Nullus ei **ludus** *videtur* **esse** iucundior quam cruor. (10, 3f.)	Kein Spiel scheint ihm angenehmer zu sein als das Blutvergießen.

4. **Partizip-Konstruktionen**

4.1 *adverbial gebraucht:*

Ita enim se recipiebat **ardens** odio vestri, ... (4, 2f.)	So nämlich zog er sich zurück, glühend vor Hass euch gegenüber, ...

4.2 *Ablativus absolutus:*

Ut imperatores **instructa acie** solent, ... (9, 11f.)	Wie die Feldherren zu tun pflegen, wenn die Schlachtreihe steht, ...

5. **nd-Konstruktionen**

5.1 *Gerundium:*

Sed spes **rapiendi** atque **praedandi** occaecat animos eorum. (8, 10)	Aber die Hoffnung auf Raub und Beute verblendet sie.
... paratissimos milites **ad proeliandum** ... (9, 13f.)	... die Soldaten, die zum Kampf in höchstem Maß bereit sind ...

5.2 *Gerundivum:*

a) als Vorgangsangabe

Frequentia vestrum ... et alacritatem mihi summam **defendendae rei publicae** adfert et spem **recuperandae.** (1, 1—3)	Eure große Zahl ... erweckt in mir höchste Bereitschaft, den Staat zu verteidigen, und Hoffnung, ihn wiederzugewinnen.

b) als Notwendigkeitsangabe

Quae **est** enim alia **laudanda** defensio? (7, 22f.)	Welche andere Verteidigung wäre denn sonst zu loben?

C Stilmittel

Jeder, der wirkungsvoll argumentieren und sprechen möchte, gebraucht automatisch und instinktiv rhetorische Mittel.
Zweifelsohne sind rhetorische Mittel häufig formaler Art, doch unterstützen sie die Darstellung der Inhalte, machen sie eingängiger und führen sie heimlich in unser Denken ein, indem sie uns durch ihre Ästhetik und das Vergnügen am sprachlichen Spiel Freude bereiten.
Die antike Rhetorik, und so auch Cicero, weiß um diese Wirkung und bedient sich ihrer reichlich und gezielt. Auch in der 4. Philippischen Rede treten rhetorische Mittel an bestimmten Stellen gehäuft auf. Man muss dort besonders sorgfältig bei der Interpretation verfahren; denn entweder will der Redner durch die Häufung sprachlich-formaler Signale uns von problematischen Inhalten ablenken, oder es geht ihm um zentrale Aussagen seiner Argumentation, die er unauslöschlich in unser Gedächtnis einprägen will. In beiden Fällen ist es gut, wenn wir uns an diesen Passagen zu kritischer Vorsicht aufrufen und uns nicht dem akustischen Wohllaut ergeben oder uns hinreißen lassen, dem Schwung des Redners und der Rede blind zu folgen.
Die Kenntnis der rhetorischen Mittel ermöglicht es uns, kritische Distanz zum Gesagten zu wahren, weil wir die Mittel und damit die Absicht des Redners erkennen und bewusst auf sie reagieren können.
Die folgende Übersicht über die Stilmittel orientiert sich ausschließlich am vorausgehenden Text der 4. Philippischen Rede.

die **Alliteration**: Wiederholung des gleichen Anlauts in aufeinander folgenden Wörtern, um die Aussage klanglich zu unterstützen, z. B.:
contra **c**onsulem exercitus **c**omparaverunt (2, 3)
consensum et **c**oncordiam **c**ivium (11, 9f.)
tanto **c**onsensu **t**antoque **c**lamore (2, 2)

die **Allusio**: Anspielung, die beim Zuhörer auf Assoziationen abzielt, z. B. auf den Gott Mars, von dem Romulus und Remus abstammen:
Legio **Martia**, quae mihi videtur divinitus **ab eo deo** traxisse nomen, **a quo populum Romanum generatum accepimus**, ... (5, 1—4)

die **Anapher**: Wiederaufnahme des gleichen Wortes am Anfang von Sätzen, Satzteilen oder Abschnitten, um durch Pathos eindringliche oder übersichtlich gliedernde Wirkung zu erzielen, z. B.:
Multa memini, **multa** audivi, **multa** legi, Quirites (3, 6f.)
Negat hoc D. Brutus imperator ...; **negat** Gallia, **negat** cuncta Italia, **negat** senatus, **negatis** vos. (8, 5f.)

die **Antithese**: Gegenüberstellung von Begriffen und Inhalten oder Präsentation von Alternativen, wodurch die Gedanken schärfer profiliert werden; es besteht aber die Gefahr der Überbetonung von Gegensätzlichem, der Verlust der Mitte, z. B.:
Si **consul Antonius, Brutus hostis**; si **conservator** rei publicae **Brutus, hostis Antonius**. (7, 11—13)

der **Appell**: Aufforderung zum Handeln, meist im Imperativ formuliert, z. B.: **Incumbite** in causam, Quirites, ut facitis. (10, 11)

das **Argumentum ad personam**: Herabsetzung der Sache des Gegners, indem man seine Person angreift und ihn herabsetzt, z. B.:
Non est vobis res, Quirites, cum **scelerato homine ac nefario**, sed cum **immani taetraque belua**. (10, 6f.)

die **Assonanz**: Gleichklang der Vokale, spielerische Sprachverwendung zur Ausschmückung und klanglichen Unterstützung des Inhaltes, z. B.:
Hac ⟨virtute⟩ maiores vestri primum universam Italiam **devicerunt**, deinde Karthaginem **exciderunt**, Numantiam **everterunt**, potentissimos reges ... in dicionem huius imperii **redegerunt**. (11, 4—7)

das **Asyndeton**: Unverbundene Reihung von Einzelwörtern, Satzteilen oder Sätzen, das eine sprudelnde Rede, innere Spannung oder leidenschaftliche Beteiligung bzw. Sammlung von Tatsachen signalisiert, oft in Verbindung mit Klimax oder Anapher, z. B.:
Municipia, colonias, praefecturas num aliter iudicare censetis? (6, 10f.)
Negat Gallia, negat cuncta Italia, negat senatus, negatis vos. (8, 6)

die **Aversio** (**Apostrophe**): Abwendung von den Zuhörern hin zu einem nicht anwesenden Gegenüber, zu gedachten Figuren (Allegorien, wie *patria*) oder den Göttern, wobei der Redner auf Wirkung im Gefühl der Hörer abzielt, z. B.:
Quibus M. Antonius — **o di immortales, avertite et detestamini, quaeso, hoc omen!** — urbem se divisurum esse promisit. (8,14f.)
Quae exspectas, **M. Antoni**, iudicia graviora? (6, 3)

die **Captatio benevolentiae**: Erregen von Wohlwollen bei den Zuhörern, besonders am Anfang einer Rede, z. B.:
Frequentia vestrum incredibilis, Quirites, **contio tanta**, quantam meminisse non videor, ... (1, 1f.)

der **Chiasmus**: Kreuzweise bzw. spiegelbildliche Anordnung von einander entsprechenden Einzelwörtern oder Satzgliedern, benannt nach dem griechischen Buchstaben X (Chi), um eine Aussage zu verdeutlichen und manchmal abschließend hervorzuheben, z. B.:
Pacis vero quae potest esse cum eo ratio, in quo est

incredibilis **crudelitas**,	Si **consul** **Antonius**,
fides **nulla**? (11, 15f.)	**Brutus** **hostis**. (7, 11)

die **Congeries**: Bezeichnung einer Situation oder eines Sachverhaltes durch mehrere Begriffe (Zweiergruppen), wobei die gewählte Gruppierung in der Regel im Satzkontext eingehalten wird, um durch die Breite und Fülle der Diktion zu überzeugen (**amplificatio**), z. B.:
Nec solum id **animose et fortiter**, sed **considerate** etiam **sapienterque** fecerunt. (5, 15—18)

die **Dubitatio**: Form der rhetorischen Frage, wobei der Redner sich oder die Meinung seiner Zuhörer in Zweifel zieht, um dem Hörer das Gefühl zu vermitteln, er entscheide selbst, z. B.:
Num igitur, utrum horum sit, **dubitare possumus**? (7, 14f.)

die **Ellipse**: Auslassung eines leicht ergänzbaren Wortes im Satz, oft des Verbs, um die leidenschaftlich erregte Redeform zu betonen oder um durch die Kürze Gegensätze hervorzuheben, z. B.:
Si consul Antonius ⟨est⟩, Brutus hostis ⟨est⟩: si conservator rei publicae Brutus ⟨est⟩, hostis Antonius ⟨est⟩. (7, 11—13)
..., ne mediocrem rem actam ⟨esse⟩ arbitremini, ... (1, 8f.)

die **Enumeratio**: Aufzählung in asyndetischer oder polysyndetischer Form, oft in übertreibender (hyperbolischer) Absicht, z. B.:
Albae constiterunt, in urbe **opportuna, munita, propinqua, fortissimorum virorum, fidelissimorum civium atque optimorum**. (5, 18f.)

die **Exclamatio**: Ausruf mit erhobener Stimme (**Emphase**), um das Gefühl auf die Zuhörer zu übertragen, z. B.:
Ita vero, Quirites, ei, ut precamini, **eveniat atque** huius amentiae **poena** in ipsum familiamque eius **recidat**! (9, 1f.)

das **Exemplum**: Beispiel aus dem Mythos oder der Geschichte als Beleg für die Richtigkeit der eigenen Meinung, z. B.:
Hac ⟨virtute⟩ maiores vestri primum **universam Italiam** devicerunt, deinde **Karthaginem** exciderunt, **Numantiam** everterunt ... (11, 4—6)

die **Geminatio**: Verdoppelung eines Wortes am Satzanfang oder Satzende zur pathetischen Steigerung des Ausdrucks, z. B.:
Laudo, laudo vos, Quirites. (3, 1)

der **Hendiadyoin**: Ausdruck eines einheitlich empfundenen Begriffes durch zwei Wörter, um durch Wortfülle zu beeindrucken, z. B.:
Frequentia vestrum incredibilis, Quirites, **contioque** tanta ... (1, 1)

das **Homoioteleuton**: Ausgang mehrerer Wörter hintereinander mit gleicher Endlautung (Reim), wobei die Aussage durch die klangliche Wirkung gestützt wird, z. B.:
Quar**um** legion**um** fortissim**um** verissim**um**que iudici**um** confirmat senatus. (6, 6f.)

das **Hyperbaton**: künstliche Trennung von syntaktisch zusammengehörigen Wörtern oder Wortgruppen, um einen größeren Spannungsbogen zu erhalten, verwandt mit der **Inversion**, z. B.:
Nam **est** hostis a senatu nondum verbo **appellatus**, ... (1, 8f.)
Nihil *ex* omnium saeculorum *memoria* **tale** cognovi. (3, 7f.)

die **Hyperbel**: Übertreibung eines Sachverhaltes in der Absicht, einen Verfremdungseffekt zu erzielen, Leidenschaften auszulösen, den Sachverhalt zu steigern, z. B.:
Frequentia vestrum **incredibilis**, Quirites, contioque **tanta, quantam meminisse non videor**, ... (1, 1f.)

die **Interjektion**: Einschub von Worten oder eines Satzteiles, der nicht zum eigentlichen Sachverhalt gehört, aber einen Aspekt näher erläutert, z. B.: Quibus M. Antonius — **o di immortales, avertite et detestamini, quaeso, hoc omen!** — urbem se divisurum esse promisit. (8, 14f.)

die **Klimax** (gr. „Treppe“, „Leiter“): Anordnung von Wörtern oder Satzteilen nach stufenweiser Steigerung im Aussageinhalt oder in der Aussagekraft, oft verbunden mit dem Anwachsen der Satzteile, z. B.:
Multa **memini**, multa **audivi**, multa **legi**. (3, 6f.)

die **Metapher**: Bildliche Übertragung eines Wortes in einen ursprünglich fremden Zusammenhang zur Veranschaulichung und Verlebendigung, z. B.:
Omnia arma eorum, qui haec salva esse velint, contra illam **pestem** (~Antonium) esse capienda. (6, 12f.)

die **Metonymie**: Ersetzung eines Begriffes durch einen gedanklich mit ihm verbundenen anderen Ausdruck, z. B.:
Neque enim ille servitutem vestram, ut antea, sed iam iratus **sanguinem** concupiscit.
(Sonderform der Metonymie: **Pars pro toto**) (10, 2f.)

der **Parallelismus**: Parallele Anordnung von Wörtern oder Satzteilen, um im Gleichklang die Argumentation einprägsamer zu gestalten, z. B.:
Sunt enim **facta** eius **immortalitatis**, **nomen aetatis**. (3, 4f.)
Multa memini, **multa** audivi, **multa** legi, Quirites. (3, 6f.)

die **Parataxe**: Reihung von kurzen überschaubaren Sätzen, schlichte Sprechweise, um auch Menschen von geringererAuffassungsgabe einen Sachverhalt zu verdeutlichen (Gegensatz Hypotaxe), z. B.:
Negat Gallia, **negat** cuncta Italia, **negat** Italia, **negatis** vos. (8, 6)

das **Polyptoton**: Wiederholung desselben Wortes in veränderter Form oder Flexionsform, um durch den spielerischen Umgang mit den Wörtern den Hörer zu erfreuen und Aufmerksamkeit auf die Aussage zu lenken (Wortspiel ~ Paronomasie), z. B.:
Quamquam animus mihi quidem numquam **defuit**:
tempora **defuerunt**. (1, 4)

die **rhetorische Frage**: Frage, die keine Antwort erwartet, sondern eine versteckte Behauptung enthält, dem Zuhörer aber suggeriert, er habe selbst eine Antwort gegeben oder eine Schlussfolgerung gezogen, z. B.:
Quis illum igitur consulem nisi latrones putant? (8, 6f.)

das **Trikolon**: Asyndetische Reihung von drei Wörtern oder Satzteilen, um Tatsachen gerafft und Schlag auf Schlag darzustellen, z. B.:
... **ad senatus auctoritatem, ad libertatem vestram, ad universam rem publicam** ... (5, 11—13)

Inhaltsverzeichnis

Abbildungsnachweis:
Archiv für Kunst und Geschichte, Berlin (1), Daniel Arnaudet/Photo RMN, Paris (1), Bildarchiv Preußischer Kulturbesitz, Berlin (1), Bilderdienst Süddeutscher Verlag, München (1), Rolf Hirsch, Bamberg (2), Klaus Mühl, Langensendelbach (11), Paul Popper Photo/Interfoto, München (1), Scala, Antella (1), Stiftsbibliothek St. Gallen (2), Wolfgang Maria Weber/Interfoto, München (1), Verlagsarchiv.

Textnachweis:
S. 42f.: (T1-3) Adolf Hitler, Mein Kampf, München 1925/26 — S. 43: (T4) Theodor Pelster, Rede und Rhetorik, Düsseldorf 1972, S. 96f. — S. 44: (T5-8) C.W. Wooten, Cicero's Philippics and their Demosthenic Model. The Rhetoric of Crisis, London 1983, S. 172–174 — S. 50: (T1) Marcus Fabius Quintilianus, Ausbildung des Redners. Hrsg. und übersetzt von Helmut Rahn, 2 Bde., Darmstadt 1972. 1975 — S. 50–53: (T2-4) Michael F. Loebbert, Rhetorik. Arbeitstexte für den Unterricht, Stuttgart 1991, S. 79. 90. 99–100. — S. 52 (T5): Franz Josef Strauß, Die Erinnerungen, Siedler Verlag, Berlin 1989 — S. 54 (T6): Hermann Schlüter, Grundkurs der Rhetorik, © 1974 Deutscher Taschenbuch Verlag, München, S. 15. 17.